맛있는 요리를 만드는 레시피가 있는 것처럼 웃음, 힐링, 성장을 만드는 레시피도 있을까요?
레시피팩토리는 모호함으로 가득한 이 세상에서 당신의 작은 행복을 위한 간결한 레시피가 되겠습니다.

샌드위치가 필요한 모든 순간
나만의 브런치가 완성되는 순간

지은경 지음

레시피팩토리

샌드위치와 브런치가 필요한 모든 순간에
빛을 발하는 요리책이 되겠습니다.

〈샐러드가 필요한 모든 순간 나만의 드레싱이 빛나는 순간〉이란 책으로 여러분을 처음 만난 것이 지난해 6월이니까 어느새 1년이 되어가네요. 시간이 이렇게 빠르게 흐르다니! 참 놀랍습니다. 지난 한 해 독자님들이 아껴주신 덕분에 이 책은 정말 큰 인기를 누렸어요. 많이 사랑받고 있다는 느낌에 저도 기쁘고 감사한 시간을 보냈지요. 아울러 샐러드는 세계 어디에서나 즐기는 요리인지라, 중국과 대만에도 판권이 수출되어 올해 출간을 앞두고 있습니다. 다시 한 번 이 책을 사랑해주신 모든 독자님들께 감사드립니다.

개인적으로 저는 하는 일이 많이 바빠져 지난 1년간 여행 한번 제대로 즐기지 못하고 정신없이 지내온 것 같아요. 저는 요리연구가로 활동하는 동시에 카페(또는 레스토랑) 메뉴를 개발하는 컨설턴트로도 일하고 있어요. 요즘 카페가 단순히 커피만 마시는 공간이 아닌, 브런치나 가벼운 식사를 즐기는 여유로운 공간으로 탈바꿈하다 보니 특히 샌드위치, 샐러드, 브런치 등의 카페 메뉴 개발을 의뢰받을 때가 많아요. 또한 저는 다양한 파티에 음식을 기획하고 제공하는 케이터링 일도 활발하게 하고 있어요. 그래서 이 일을 할 때도 역시 자주 만들게 되는 메뉴 중 하나가 샌드위치죠.

한번은 이탈리아 패션 브랜드 T사의 회장님이 직원들과 함께 한국 지사에 출장 오는 일이 있었는데, 그때 케이터링을 맡게 되었어요. 10여 명의 이탈리아인을 위한 아침 식사로 저는 과감하게 이탈리안 스타일의 샌드위치 두 가지(치아바타로 만든 카프레제 샌드위치(64쪽), 포카치아로 만든 구운 가지 샌드위치(74쪽)와 루콜라 잣 샐러드(188쪽) 등을 준비했지요. 자신 있는 메뉴들이긴 했지만, 이탈리아인에게 한국인이 만든 이탈리아 음식을 낸다는 것이 다소 긴장되더군요. 생각해보세요! 제가 이탈리아 사람이 만든 된장찌개를 맛본다면 어떻게 평가하게 될지! 다행히 제 샌드위치를 맛본 이탈리아인 모두 입맛에 아주 잘 맞아 즐거워했다는 뒷이야기를 들을 수 있었습니다.

샐러드 책에 이어 샌드위치에 대한 요리책을 내야겠다고
결심한 이유가 바로 여기에 있습니다. 샐러드와 마찬가지로
샌드위치 역시 제가 다양하게 먹어봤고, 많이 만들어봤고,
여러 사람들에게 먹여봤기 때문이에요. 최근 샌드위치 카페나
전문점이 유독 많이 생기고 있잖아요? 그만큼 많은 분들이
샌드위치를 좋아한다는 것인데, 이 역시 샌드위치 요리책을
준비하게 된 중요한 계기가 되었어요. 샌드위치를 맛있게
만드는 다양한 방법을 많은 분들께 알려드리면, 비싼 돈을 내고
사 먹는 대신 집에서 정성스럽게 만들어 즐길 수 있고, 여기에
세련된 브런치 메뉴까지 함께 소개한다면 집에서도 고급 카페
못지않은 멋진 음식들을 차려낼 수 있으니 참 좋잖아요.

그래서 이 책에 실린 모든 메뉴들은 제가 가지고 있는
샌드위치와 브런치 레시피들 중 특히 반응이 아주 좋았던
것들만 골라 일반 가정에서 만들기 쉽게 변형한 것들이에요.
요즘 대형 마트나 백화점에서 판매하는 가공육, 치즈, 허브,
향신료, 소스 등을 다양하게 활용해 여러 가지 샌드위치를
만들었는데요, 혹여 재료를 구하기 어려운 경우를 생각해
대체 재료들도 꼼꼼히 적었으니 하나의 레시피로
친숙하고 맛있는 버전과 새롭고 고급스러운 버전, 이렇게
두 가지 메뉴를 만드실 수 있을 거예요.

이 글을 쓰고 있는 오늘은 4월 초순의 살랑살랑 봄바람이
불어오는 날이에요. 이 책에 소개한 산뜻한 샌드위치와
브런치 메뉴로 테이블을 화사하게 꾸미고, 봄날의 여유를
즐기고 싶은 그런 봄날이지요. 특히 화창하면서도
바람이 솔솔 부는 오늘 같은 날씨라면, 이 음식을 그대로
도시락으로 준비해 야외로 나가는 것도 정말 좋을 것 같아요.
바로 사랑하는 가족과 소중한 친구들, 그리고 무엇보다
참 수고하는 나 자신을 위해서 말입니다.

2013년 또다시 맞은 봄. 요리연구가 지은경

basic guide

맛있고 폼 나고 든든한 샌드위치를
만들기 위한 기본 레슨

- 010 레시피를 따라 하기 전에 꼭 읽어보세요!
- 012 샌드위치를 맛있게 만드는 노하우 8가지
- 014 샌드위치에 많이 사용하는 빵, 제대로 고르기
- 017 샌드위치를 더욱 맛있게 하는 가공육들
- 018 샌드위치 맛을 더욱 풍부하게 하는 치즈들
- 020 샌드위치에 가장 많이 쓰이는 채소와 허브들
- 022 샌드위치 & 브런치에 어울리는 이국적인 재료와 양념들
- 024 맛과 기능을 고려한 스프레드 다양하게 만들기
- 028 샌드위치와 브런치에 곁들이면 좋은 절임류와 피클
- 030 마지막까지 맛있고 알뜰하게! 남은 빵 활용법
- 032 보기 예쁘게, 먹기 깔끔하게! 샌드위치 포장법
- 034 요리 왕초보를 위한 계량 및 재료 손질 가이드

chapter 1

간단하고 맛있는
기본 샌드위치

- 038 단호박 아몬드 샌드위치 & 달걀 샌드위치
- 040 클럽 샌드위치
- 042 오이 샌드위치 & 게맛살 샌드위치
- 044 참치 샌드위치
- 046 감자 베이컨 샌드위치
- 048 엘비스 샌드위치
- 050 시금치 스크램블드에그 샌드위치
- 052 햄치즈 샌드위치 & 루콜라 프로슈토 샌드위치
- 054 연어 크림치즈 샌드위치
- 056 BLTH 샌드위치
- 058 길거리 토스트
- 060 볶은 양파 핫도그

chapter 2

차갑게 먹어도 맛있는
콜드 샌드위치

- 064 카프레제 샌드위치 & 비트 샌드위치
- 066 모닝 샌드위치
- 068 돼지고기 반미 샌드위치
- 070 바비큐 치킨 샌드위치
- 072 살라미 샌드위치
- 074 구운 가지 샌드위치 & 매콤한 버섯 샌드위치
- 076 페스토 쇠고기 샌드위치
- 078 카레 향 닭안심 샌드위치
- 080 연어 패티 샌드위치
- 082 오이 새우 샌드위치 & 아보카도 토마토 샌드위치
- 084 멕시칸 새우 샌드위치
- 086 구운 채소 데리야키 샌드위치

chapter 3
바로 만들어 따뜻하게 즐기는
핫 그릴 샌드위치

- 090 오렌지잼 토스트 & 고구마 그릴 샌드위치
- 092 고르곤졸라 호두 그릴 샌드위치
- 094 세 가지 치즈와 사과 처트니 그릴 샌드위치
- 096 쇠고기 버섯 그릴 샌드위치
- 098 구운 파프리카 그릴 샌드위치
- 100 크로크무슈 & 크로크마담
- 102 블랙빈 살사 그릴 샌드위치
- 104 매콤한 시금치 그릴 샌드위치
- 106 푸타네스카 그릴 샌드위치
- 108 페스토 새우 그릴 샌드위치
- 110 치킨 너겟 그릴 샌드위치
- 112 태국풍 쇠고기 그릴 샌드위치
- 114 미트볼 그릴 샌드위치

chapter 4
홈 파티에 곁들이는
오픈 샌드위치

- 118 하몽 치즈말이 카나페 & 사과 프로슈토 카나페
- 120 훈제 연어 무스 브루스케타
- 122 앤초비와 절인 양파 브루스케타
- 124 방울토마토 치즈 브루스케타 & 무화과잼 브리 치즈 토스트
- 126 양송이버섯볶음 카나페
- 128 치즈볼 토스트
- 130 발사믹 마늘조림 토스트
- 132 구운 채소 오픈 샌드위치
- 134 게맛살 아보카도 토스트
- 136 세 가지 크림치즈 스프레드 토스트
- 138 파인애플 햄치즈 오픈 샌드위치 & 새우 굴소스볶음 오픈 샌드위치
- 140 미트소스 그라탱 오픈 샌드위치
- 142 수란 훈제 연어 오픈 샌드위치
- 144 피자 파티 브레드

contents

plus recipe

내 몸에는 미안하지만 내 입은 즐거운
칼로리 폭발 샌드위치

- 146 블루치즈와 감자튀김버거
- 148 엑스트라 햄치즈 타워 샌드위치
- 150 베이컨 패티 땅콩버터 햄버거
- 152 칠리스테이크 샌드위치
- 154 딸기 마시멜로 샌드위치

chapter 5

누구나 좋아하는
개성 만점 브런치 메뉴

- 158 아몬드 프렌치토스트
- 160 리코타 치즈와 유자청을 곁들인 와플
- 162 무화과 컴포트를 곁들인 팬케이크
- 164 블루베리 팬케이크
- 166 셰퍼즈 파이
- 168 우에보스 란체로스
- 170 쇠고기 퀘사디야
- 172 크림소스 리가토니 그라탱
- 174 시금치 샐러드 또띠야 피자
- 176 닭가슴살 채소 스튜

chapter 6
푸짐한 브런치를 완성하는 사이드 메뉴

- 180 마늘 버섯 크림수프
- 182 대파 크림수프
- 184 멕시칸 칠리 수프
- 186 토마토 굴 수프
- 188 루콜라 잣 샐러드
- 190 로메인 사과 샐러드 & 양상추 참치 샐러드
- 192 채소 커리 쿠스쿠스 샐러드
- 194 모둠 채소 오븐구이
- 196 그린빈 마늘볶음
- 198 웨지 칠리 포테이토
- 200 칠리소스 감자튀김
- 202 감자 팬케이크
- 204 프로슈토컵 달걀찜
- 206 프리타타
- 208 새우 토마토 오믈렛
- 210 과일 트리플
- 212 과일 요구르트 볼
- 214 망고 푸딩
- 216 블루베리 레드 와인 그라니타
- 218 생강 향 초콜릿 과일 퐁뒤

plus recipe
샌드위치, 브런치에 곁들이기 좋은 홈메이드 음료

- 220 카페 모카 & 밀크티
- 222 사과 키위차 & 오미자 귤차
- 224 에스프레소 스무디 & 검은깨 두유 라떼
- 226 딸기 아이스티 & 복숭아 라씨
- 228 블루 레모네이드 & 사과 셀러리 모히토
- 230 방울토마토 주스 & 레드 와인 과일 펀치
- 232 유자 마티니 & 자몽 벨리니

basic guide

맛있고 폼 나고 든든한
샌드위치를
만들기 위한 기본 레슨

사 먹는 것보다 더 맛있고, 스타일리시한 샌드위치를 만들고 싶다면? 어떤 빵을 사용할지, 어떤 스프레드를 바를지, 어떤 속재료를 넣을지, 또 이들이 서로 잘 어울리는지 고려할 것들이 많지요. 그럴 때 기준이 될 수 있는 기본 중의 기본 정보들을 이곳에 모았습니다.

먼저 일반 식빵을 비롯해 샌드위치로 먹으면 좋은 빵들을 소개했고, 속재료로 많이 쓰이는 다양한 치즈와 가공육, 채소, 소스까지 꼼꼼히 정리해놓았습니다. 또한 많은 분들이 궁금해하는 이 책에 등장하는 샌드위치 스프레드도 다시 한 번 총정리해 소개했습니다.

샌드위치는 만드는 것이 끝이 아니랍니다. 먹기 좋게 썰고, 포장하는 것도 아주 중요하지요. 내용물을 흘리지 않고 깔끔하게 먹을 수 있는 포장법과 남은 빵 활용법도 놓치지 마세요.

레시피를 따라 하기 전에 꼭 읽어보세요!

이 책에는 상황에 따라 골라 만들 수 있는 샌드위치 70여 개, 필자의 개성을 담은 브런치 메뉴 10개, 샌드위치에 곁들이면 근사한 브런치를 완성해주는 사이드 메뉴와 음료 35개가 소개되어 있습니다.
각 레시피에는 구입 가능한 다양한 식재료를 사용했고, 일부 매장에서만 판매하는 재료에 대해서는 대체 재료를 빠짐없이 적었으니 하나의 레시피로 맛있고 친숙한 맛과 새롭고 고급스러운 맛, 이렇게 두 가지 메뉴를 만드실 수 있을 겁니다.

❶ **샌드위치에 대한 소개, 요리 매칭법, 영양 정보 등**
미리 읽어두면 유용한 샌드위치 기본 정보입니다. 메뉴명에 대한 설명은 물론 맛과 영양 정보도 적었습니다. 어떤 메뉴와 함께 먹으면 좋은지, 어떤 용도로 준비하면 적합한지 등 필자의 경험도 담았으니 요리하기 전에 꼭 읽어보세요.

❷ **조리 시간 및 인분수 소개**
각 레시피에는 조리 시간과 인분수를 적었습니다. 인분수는 일반 샌드위치는 1개분 기준이며, 오픈 샌드위치는 1인분 분량입니다. 브런치는 1~2인이 함께 먹을 수 있는 1접시 분량입니다. 인분수를 늘리고자 할 경우에는 그대로 2배, 3배로 늘리되 불로 익히는 경우 상태를 확인하면서 조리하세요.

❸ **다양한 재료와 빠짐없는 대체 재료, 하나의 레시피로 2가지 메뉴 만들기**
시중에서 구입할 수 있는 다양한 가공육, 치즈, 소스 등을 활용했습니다. 일부 매장에서만 판매하는 재료에 대해서는 대체 재료를 빠짐없이 적었으니 하나의 레시피로 맛있고 친숙한 메뉴는 물론 새롭고 고급스러운 메뉴도 만들 수 있습니다. 또한 각 재료는 누구든 쉽게 계량할 수 있도록 그램수와 손대중량을 함께 적었습니다.

❹ **1단계_ 스프레드 및 속재료 준비하기**
조리 단계를 1단계와 2단계로 나눠 메뉴를 효율적으로 완성할 수 있도록 구성했습니다. 샌드위치가 소개된 페이지에서는 1단계에 스프레드와 속재료 준비하는 방법을 소개했고, 브런치가 소개된 페이지에서는 만드는 방법을 소개했습니다.

❺ **실수 포인트, 낯선 재료 설명, 대체 재료나 조리 방법 가이드 등을 소개하는 Tip**
요리할 때 실수할 수 있는 포인트를 짚어주고, 레시피의 활용도를 높이기 위한 재료 대체 방법을 최대한 자세히 소개했습니다.

❻ **2단계_ 샌드위치와 브런치 완성하는 법, 어울리는 메뉴 제안 등 한눈에 쏙 파악할 수 있도록 도식화**
샌드위치가 소개된 페이지에서는 샌드위치에 재료를 넣는 순서를 한눈에 볼 수 있도록 도식화했고, 한 그릇 브런치에서는 폼 나게 세팅하는 방법, 사이드 브런치 메뉴에서는 어울리는 메뉴들을 소개했습니다.

이 책에서 다룬 샌드위치의 종류 3가지

샌드위치를 분류하는 방법은 다양한데요, 이 책에서는 빵과 빵 사이에 재료를 넣은 클로즈드 샌드위치와 빵 한쪽 면에만 재료를 올린 오픈 샌드위치로 나누었어요. 또한 클로즈드 샌드위치는 차갑게 즐겨도 좋은 콜드 샌드위치와 따뜻하게 먹으면 맛있는 핫 그릴 샌드위치로 구분했지요. 이들 샌드위치의 특성을 알아보겠습니다.

1. 콜드 샌드위치

소풍이나 나들이용 도시락으로 적합한, 차갑게 먹어도 맛있는 샌드위치입니다. 이 샌드위치는 만들고 나서 시간이 조금 지나도 바로 만든 것과 비교해 식감이나 맛이 크게 떨어지지 않아야 해요. 그래서 속재료로는 물기가 많이 생기지 않는 햄이나 치즈, 딱딱한 채소 등이 적합하죠.
또한 고기나 해산물을 속재료로 사용할 경우에는 조금 강하게 양념해야 식어도 맛있게 먹을 수 있어요. 스프레드는 마요네즈, 버터, 오일 등 기름기가 많은 것을 사용해야 속재료의 수분이 빵에 스며 눅눅해지는 것을 막을 수 있어요.

2. 핫 그릴 샌드위치

브런치나 한 끼 식사용으로 좋은, 따뜻하게 먹으면 맛있는 샌드위치입니다.
이 샌드위치는 만든 후 팬에서 토스트 하듯 굽거나, 그릴 팬에서 파니니 프레스를 이용해 굽지요. 바로 만들어 구워도 되고, 전날 미리 만들어두었다가 먹기 직전에 구워도 됩니다.
또한 종이 포일에 싸서 구우면 속재료가 따뜻해지는 동안 빵이 타지 않아 좋고, 샌드위치 속 안의 치즈가 흘러나오지 않아 편답니다.

* **알아두세요! 파니니의 뜻** 치즈를 넣어 납작하게 눌러 구운 샌드위치를 보통 파니니Panini라고 부르는데요, 파니니는 이탈리아에서 샌드위치를 의미하는 단어인 파니노Panino의 복수형으로 치아바타, 작은 바게트 등 1인용 크기의 덩어리 빵을 옆으로 길쭉하게 갈라 속을 채워 만든 샌드위치를 뜻하죠. 즉, 파니니는 차가운 샌드위치와 따뜻하게 그릴에서 구운 샌드위치 모두를 칭하는 단어랍니다.

3. 오픈 샌드위치

빵 사이에 재료를 넣는 형태가 아닌, 빵 위에 재료들을 올려 만든 샌드위치예요. 샌드위치지만 요리처럼 보여서 손님상에 올리기 좋답니다. 또한 출출할 때 간식이나 맥주, 와인 안주로 좋고 식사 전에 애피타이저로 즐기기도 좋아요.

* **알아두세요! 카나페의 뜻** 한 입에 먹을 수 있는 작은 크기의 핑거푸드를 뜻해요. 카나페Canape는 빵이나 크래커 위에 재료를 곁들이기도 하고, 빵이나 크래커 없이 만들기도 해요.
* **알아두세요! 브루스케타의 뜻** 이탈리아식 오픈 샌드위치라고 생각하면 돼요. 브루스케타Bruschetta는 빵을 썰어서 마늘과 오일을 곁들여 바삭하게 구운 뒤 그 위에 재료들을 올리는 메뉴죠.

지은경에게 배우는
샌드위치를 맛있게 만드는 노하우 8가지

01 "부드러운 속재료에는 부드러운 빵,
쫄깃한 식재료에는 쫄깃한 빵이 어울려요"

샌드위치 빵을 고를 때는 속재료의 맛이나 질감, 수분의 양 등을 고려해야 합니다. 재료에 닭고기나 쇠고기 등 오래 씹어야 하는 재료들이 들어갈 땐 너무 부드러운 빵보다는 치아바타나 바게트 등 쫄깃한 식감의 빵이 더 잘 어울려요. 반면 재료를 으깨 만든 부드러운 소를 넣은 샌드위치는 식빵이나 소프트 롤처럼 부드러운 빵이 잘 어울리지요. 왜냐하면 빵과 재료가 동시에 씹혀서 함께 넘겨져야 좋지, 속재료는 달걀 샐러드처럼 부드러운데 빵이 바게트라면, 몇 번 씹지도 않고 속재료는 이미 목을 넘어가고 입안엔 질긴 빵만 남아서 계속 씹히니 맛이 덜하겠죠?

02 "빵은 한 번 구워 사용해야 고소한 맛이 살아나고
쉽게 눅눅해지지 않아요"

콜드 샌드위치를 만들 때도 빵은 가급적 구워서 사용하세요. 종류에 따라 다르긴 하지만, 빵을 구워서 샌드위치를 만들면 좋은 점이 많답니다. 특히 흰 식빵은 그대로 사용하지 않고 한 번 구우면 고소한 맛이 가미되어 맛이 더 좋고, 빵을 굽는 과정에서 수분이 날아가 샌드위치 속재료가 수분이 많더라도 빵이 덜 눅눅해진답니다.

03 "빵의 질감에 맞춰 스프레드를 골라 빈틈없이
꼼꼼하게 바르세요"

스프레드는 맛뿐만 아니라 수분의 흡수를 막아 빵이 눅눅해지는 것을 방지해주죠. 특히 빵 안쪽에 지방 성분이 많은 스프레드를 바르면 한층의 막이 얇게 형성된다고 생각하면 되는데요. 이 얇은 층이 속재료의 수분 침투를 막아 빵이 눅눅해지지 않게 해주는 겁니다. 그래서 얇고 부드러운 빵에는 코팅 효과가 좋은 버터, 마요네즈, 치즈 등 지방 성분이 많은 스프레드가 잘 어울려요. 반대로 질기고 오래 씹어야 하는 바게트나 하드 롤 종류의 빵에는 수분을 함유한 토마토소스나 바질 페스토 같은 스프레드를 바르면 빵의 질감을 부드럽게 즐길 수 있어 좋습니다.

04 "스프레드 하나만 바꿔도 맛이 확 달라져요"

같은 샌드위치라도 스프레드를 달리하면 다른 맛의 샌드위치를 완성할 수 있답니다. 샌드위치 빵에 바르는 데 많이 쓰이는 스프레드는 마요네즈나 버터 정도로만 생각하실 텐데요. 그 외에도 마요네즈를 이용한 응용 스프레드, 크림치즈, 토마토소스, 바질 페스토, 잼이나 처트니 등을 사용하면 다양한 맛을 즐길 수 있어요.
★ 다양한 스프레드 소개 24쪽 참고

05 "수분이 많은 속재료는 물기를 최대한 제거한 후 사용해야 해요"

양상추나 어린잎 채소처럼 신선한 채소는 찬물에 담가 아삭한 식감을 살린 후 채소 탈수기나 키친타월을 이용해 물기를 충분히 제거하고 사용하세요. 양파를 생으로 사용할 때는 얇게 썰어 찬물에 10분간 담갔다가 건진 뒤 소금을 뿌려 다시 물기를 제거해 사용하면 매운맛도 덜해지고, 수분도 제거되어 샌드위치에 사용하기 좋아요. 또한 양파는 팬에 기름을 살짝 두르고 소금, 후춧가루만 뿌려 갈색이 되도록 볶아 사용하면 물기도 생기지 않고, 깊으면서 풍부한 단맛을 낸답니다. 토마토 역시 샌드위치에 많이 사용하는 재료인데요, 수분이 많이 생겨 빵이 쉽게 눅눅해지죠. 0.8cm 두께로 도톰하게 썬 뒤 키친타월에 올려 소금을 뿌려두면 수분은 빠지고, 자체의 단맛은 더 진해지죠.

06 "익힌 재료는 반드시 한 김 식혀서 사용하세요"

속재료로 고기 종류를 익혀 채소와 함께 곁들일 때는 익힌 뒤 반드시 한 김 식혀서 사용하세요. 뜨거운 고기를 채소에 곁들이면 채소가 금방 숨이 죽어 신선하고 아삭한 식감이 없어져 버리기 쉽지요.

07 "따뜻한 샌드위치를 만들 때는 빵과 치즈를 상온에 두었다가 사용하세요"

간혹 그릴 샌드위치를 만들 때 빵은 색깔이 다 나고 탈 지경인데 치즈가 안 녹은 경우가 있을 거예요. 그건 팬이나 그릴 팬의 온도가 너무 높아 겉면이 먼저 타버리는 경우죠. 냉장 보관했던 치즈나 가공육을 바로 사용하면 온도가 너무 낮아 빵이 익는 온도와 맞지 않을 때가 있답니다. 냉장 또는 냉동 보관했던 치즈, 가공육, 빵일 경우 상온에서 해동 후 사용해야 팬이나 오븐에서 열전도가 원활히 이루어져 안쪽까지 따뜻하게 조리된답니다.

08 "그릴 샌드위치를 만들 때 그릴 팬과 파니니 프레스가 없다면, 작은 팬을 활용하세요"

파니니 전문점에서 그릴 샌드위치를 만들 때는 전기 파니니 기계를 사용하는데, 집에서는 그릴 팬과 파니니 프레스를 이용하면 간단하게 그릴 샌드위치를 만들 수 있어요. 파니니 프레스는 홈이 있는 주물 판에 손잡이가 달린 제품으로 이 책에 소개한 그릴 샌드위치들은 대부분 이 도구를 이용해 만들었습니다. 사용법은 팬 위에 샌드위치를 놓고 미리 달군 파니니 프레스를 올리면 무게가 있어 납작하게 눌리면서 동시에 안쪽까지 열이 전달되어 치즈가 먹기 좋게 녹아요. 이런 도구가 없는 경우에는 넓적한 뒤집개를 이용해 빵을 위에서 지그시 누르며 구우면 됩니다. 한쪽이 노릇하게 구워지면 한 번 뒤집어 반대쪽도 노릇해지고 안까지 따뜻해지게 구워주세요. 또는 작은 크기의 팬을 바닥까지 깨끗하게 닦은 뒤 큰 팬 위에 올려 함께 달군 후 뒤집개 대신 사용해도 좋습니다(35쪽 참고).
★ 파니니 프레스와 그릴 팬은 주물팬 전문 매장이나 인터넷 쇼핑몰에서 구입 가능

샌드위치에 많이 사용하는
빵
제대로 고르기

샌드위치에 있어 빵은 옷과 같은 존재이기 때문에 속재료와 잘 맞아야 해요.
또한 어떤 빵을 사용했느냐에 따라 샌드위치가 보다 개성 있고 고급스럽게 변하기도 하죠.
요즘에는 샌드위치에 쓸 수 있는 빵이 아주 다양해졌는데요, 식빵이나 바게트, 베이글,
크루아상 등은 대부분 쉽게 구할 수 있고, 치아바타나 포카치아, 사워 도우 등은
지역별로 차이가 있긴 하지만 조금 더 전문화된 규모가 큰 베이커리에서 살 수 있습니다.

샌드위치 빵

식빵 Loaf bread
가장 흔하고 구하기 쉬운 빵으로, 사각형 틀에 넣고 구워내 모양이 일정하게 잡혀 있으며 질감이 부드럽다. 흰 밀가루 반죽의 흰 식빵, 호밀가루 반죽의 호밀 식빵 외에 깨 식빵, 단호박 식빵 등 여러 가지 응용 제품이 나오고 있다.

호밀빵 & 곡물빵 Whole grain bread
밀가루 외에 호밀 가루나 여러 가지 곡물, 견과류, 또는 건과일 등을 넣어 만든 빵이다. 호밀은 일반 밀보다 식이섬유가 풍부하고 비타민 B의 함량이 많다. 하지만 식감은 거친 편이다. 일반 밀가루 빵보다 영양가가 높아 아이들에게 샌드위치를 만들어줄 때 특히 권하고 싶은 빵이다. 단, 맛이 다소 강해 속재료의 맛을 충분히 느끼기 어려운 단점이 있다.

바게트 Baguette
프랑스의 상징이 된 빵으로, 가늘고 긴 형태에 겉면이 매우 딱딱하고 윤이 나며 안은 쫄깃하다. 전형적인 바게트는 길이 65cm, 지름 5~6cm 정도의 크기이다. 좋은 재료로 잘 구운 바게트는 잘라서 버터를 발라 먹으면 씹을수록 고소한 맛이 일품이며, 고기류가 들어가는 샌드위치에 잘 어울린다.

포카치아 Focaccia
커다란 판에 넙적하게 구운 이탈리아 빵으로, 피자 반죽과 비슷한 질감의 반죽 위에 허브나 양파, 소금, 올리브 등을 올려 굽는다. 굽기 전에 반죽 위를 손가락으로 폭폭 눌러서 여러 개의 작은 홈을 만든 후 그 위에 올리브유를 바르는데 이런 과정을 통해 포카치아는 더욱 촉촉해진다. 포카치아는 올리브유나 발사믹 식초에 찍어 먹어도 좋고, 부드러운 샌드위치 빵으로도 좋다.

치아바타 Ciabatta
이탈리아어로 납작한 슬리퍼를 뜻하는 치아바타는 반죽을 길게 늘이고 넓고 판판하게 만들어 구운 빵이다. 기본 화이트 치아바타도 있고, 올리브를 넣거나 호밀 반죽으로 만든 다양한 제품도 나오고 있다. 차가운 샌드위치에도 어울리고, 치즈를 넣어 뜨겁게 구워 먹는 그릴 샌드위치 형태로도 많이 즐긴다.

잉글리시 머핀 English muffin
아침식사 대용으로 많이 먹는 영국의 대표적인 빵으로 둥글고 납작한 모양이 특징이다. 보통 반으로 갈라 따뜻하게 구운 뒤 버터를 발라 먹거나 달걀, 햄, 치즈 등의 따뜻한 재료를 넣어 샌드위치로 즐긴다.

샌드위치 빵

사워 도우 Sour dough
샌프란시스코의 상징인 사워 도우 빵은 호밀로 만든 천연 발효종을 이용해 만든 빵이다.
특유의 시큼한 맛과 쫄깃한 식감이 특징이다.

베이글 Bagel
가운데 구멍이 생기도록 동그랗게 반죽한 빵으로, 반죽을 성형하고 뜨거운 물에 한 번 데친 후 구워 촘촘하고 쫄깃한 식감을 지닌 것이 특징이다.
기본 밀가루 반죽으로 만든 플레인 베이글 외에 포피 씨드를 곁들이거나, 허브를 넣어 반죽하기도 하고, 양파나 마늘 등을 넣어 만든다. 크림치즈가 들어간 샌드위치에 잘 어울린다.

크루아상 Croissant
프랑스어로 초승달을 뜻하는 크루아상은 밀가루 반죽에 버터를 넣고 여러 차례 접어서 만들어 겹겹의 층이 살아있고 고소한 버터 향이 좋다.
기본 크루아상은 특별한 첨가재료 없이 만들지만, 초콜릿이나 과일, 치즈, 햄 등을 넣어 만들기도 한다.

브레드 롤 Bread roll
작은 주먹 크기의 동그란 빵으로 대개 식사에 곁들여 먹는 빵이다.
햄버거 빵 질감의 부드러운 소프트 롤과 바게트 질감의 하드 롤이 있으며, 두 가지 모두 샌드위치 빵으로 사용하기 적합하다. 특히 소프트 롤은 아이들을 위한 샌드위치를 만들 때 좋다.

햄버거 빵 Burger burn
보통 햄버거에 주로 쓰이며 동그란 형태로 구운 부드러운 빵이다.
꼭 쇠고기 패티가 들어간 햄버거가 아니더라도 다양한 샌드위치로 쓰기 좋다.

또띠야 Tortilla
멕시코 사람들이 즐겨 먹는 넓적하고 얇은 형태의 밀가루 빵으로, 멕시코 음식인 퀘사디야나 엔칠라다, 부리토 등을 만들 때 쓰인다. 또는 원하는 재료를 넣고 돌돌 말아 랩 샌드위치를 만들기에도 편한 재료이다.
냉장, 냉동 상태로 판매하는 제품은 달군 팬에 살짝 구운 후 사용해야 밀가루 풋내가 나지 않는다.

샌드위치를 더욱 맛있게 하는 가공육들

샌드위치의 단골 속재료 중 하나가 바로 햄과 소시지입니다. 이들은 모두 익혀 가공한 것들인데요. 그 외에도 익히지 않고 건조나 숙성을 통해 만드는 살라미, 프로슈토, 하몽 등의 생햄도 샌드위치에 아주 잘 어울리지요. 특유의 짭조름한 맛과 향, 식감이 각각 다르니 다양하게 활용하세요. 생햄이 없을 때는 생으로 먹는 슬라이스 햄으로 대체 가능합니다.

베이컨 Bacon
돼지고기 삼겹살 부위를 소금에 절여 훈제한 것으로, 반드시 익혀서 먹어야 한다. 샌드위치에도 많이 쓰이고, 밥반찬은 물론, 파스타나 볶음 요리 등에도 잘 어울린다.

슬라이스 햄 Sliced ham
샌드위치에 넣어 먹기 좋게 가공한 제품으로 쇠고기 햄, 돼지고기 햄, 닭고기 햄, 칠면조 햄 등 여러 종류가 있다. 고기를 소금에 절여 훈제하여 만든 슬라이스 햄은 생으로 먹을 수 있도록 가공한 제품이므로 익히지 않고 그대로 먹어도 된다. 하지만 날씨가 많이 더운 계절에는 익혀 먹는 것이 안전하다.

소시지 Sausage
다짐육을 길쭉한 모양으로 가공해 만든 제품으로 사용한 고기의 종류, 향신료의 종류에 따라 여러 가지 맛이 있다. 반드시 익혀 먹어야 하는 생소시지도 있고 익혀서 나온 제품도 있다. 필요에 따라 알맞은 제품을 골라서 사용한다.

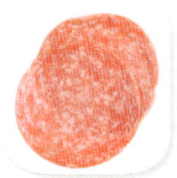

살라미 Salami
돼지고기나 쇠고기 등을 갈아 마늘과 기타 향신료와 함께 섞어 강하게 양념하여 건조한 햄으로, 특유의 향이 있다. 백화점이나 대형 할인 마트, 코스트코의 식품 코너에서 구입 가능하며, 인터넷 수입 식재료상에서도 구입 가능하다.

프로슈토 Prosciutto
소금에 절여 건조한 이탈리아의 전통 돼지다리 햄으로, 생햄과 익힌 햄 두 가지가 있는데, 이 책에서 사용한 프로슈토는 모두 생햄이다. 프로슈토는 짧게는 9개월, 길게는 2년에 걸쳐 숙성시킨다. 백화점이나 대형 할인 마트, 코스트코 식품 코너에서 구입 가능하며, 인터넷 수입 식재료상에서도 구입 가능하다.

하몽 Jamon
스페인의 전통 햄으로 돼지 다리를 소금에 절여 건조한 것이다. 익히지 않고 생으로 즐기는데, 도토리를 먹인 돼지로 만든 이베리코 하몽을 최상급으로 친다. 다리째로 판매하기도 하고, 슬라이스하여 진공포장해 판매하기도 한다. 백화점이나 코스트코의 식품 코너에서 구입 가능하며, 인터넷 수입 식재료상에서도 구입 가능하다.

샌드위치 맛을 더욱 풍부하게 하는 치즈들

슈레드 피자 치즈
Shred pizza cheese

모짜렐라 치즈를 피자나 그라탱, 그릴 샌드위치 등에 이용하기 쉽게 가공한 것으로, 냉동 보관이 가능해 유통기한이 긴 편이다. 주로 뜨거운 음식에 녹여서 사용하며 반드시 익혀 먹어야 한다.

체다 Cheddar

영국의 체다 마을에서 만든 치즈. 노란빛을 띠며 샌드위치나 카나페 등에 자주 쓰인다. 열에 쉽게 녹아서 그릴 샌드위치나 마카로니 치즈 등 여러 가지 요리에 이용된다. 냉장고에 넣어두고 사용하며 밀폐해 보관한다. 자연 치즈를 샌드위치에 맞게 썰어서 사용하거나 슬라이스 치즈로 가공되어 나온 제품을 사용한다.

고다 Gouda

네덜란드의 고다 지역에서 만들어진 치즈. 숙성된 단단한 경질 치즈이며, 둥근 바퀴 형태이다. 숙성 기간과 방법에 따라 껍질이 금색이거나 노란색을 띠며, 맛이나 향도 부드러운 것에서 강한 것까지 종류가 다양하다. 자연 치즈를 샌드위치에 맞게 썰어서 사용하거나 슬라이스 치즈로 가공되어 나온 제품을 사용한다.

에담 Edam

네덜란드의 에담 지역에서 만들어진 치즈. 겉에 노란색이나 붉은색의 왁스 코팅이 되어 있다. 짧게 숙성한 에담 치즈는 맛이 부드러워 샌드위치, 카나페 등에 어울리고 오래 숙성한 에담 치즈는 향과 맛이 강해서 그라탱이나 수플레, 타르트 등에 사용된다. 자연 치즈를 샌드위치에 맞게 썰어서 사용하면 된다.

염소 치즈 Goat cheese

염소의 젖으로 만든 치즈로 지방 함량은 최소 45% 이상이다. 순수하게 염소젖으로만 만든 치즈도 있고, 염소젖과 소젖을 섞어서 만든 치즈도 있다. 특유의 콤콤한 향과 시큼한 맛이 특징이다. 차갑게 먹기도 하고 단단한 형태의 고트 치즈는 빵에 얹어 구워 먹기도 한다.

크림치즈 Cream cheese

부드러운 맛과 질감으로 빵이나 크래커에 발라 먹기 편한 형태의 치즈이다. 치즈의 맛을 그대로 살린 플레인 크림치즈 외에 딸기나 파인애플 등 과일 맛을 가미한 제품도 나오고 있다. 샌드위치에도 사용되고, 카나페나 치즈 케이크 등의 디저트류에도 사용된다.

브리 Brie

섬세하고 부드러운 맛과 질감을 지닌 동그란 모양의 프랑스 치즈로 45%의 지방을 함유하고 있다. 표면이 가벼운 껍질로 쌓여 있으며 껍질 부분 역시 먹을 수 있다. 동그란 모양으로 판매하기도 하고, 커다란 원형의 치즈를 잘라서 조각으로 판매하기도 한다. 차갑게 먹어도 좋고 따뜻하게 열을 가해 먹어도 맛이 좋다.

훈제 치즈 Smoked cheese

훈제 과정을 거쳐 만들어지는 치즈를 훈제 치즈라고 한다. 보통 그뤼에르, 고다, 프로볼로네, 체다 치즈 등이 훈제 치즈로 사용된다. 간혹 저렴한 훈제 치즈 중에는 훈제 과정을 거치지 않고 인공적으로 훈제 향과 맛, 색깔을 입힌 치즈도 있으니 잘 살펴보고 구입한다. 샌드위치에 사용하기 쉽도록 식빵정도의 크기로 슬라이스 된 제품도 있고, 지름 5~6cm 정도의 원기둥 형태로 가공된 제품도 있다.

치즈는 특유의 풍미로 샌드위치 맛을 한층 풍부하게 해줍니다. 보통 샌드위치에는 자연 치즈를 먹기 좋게 가공한 슬라이스 치즈를 가장 많이 사용하는데요. 예전에는 향이 강한 체다 치즈로 만든 것만 있었지만 요즘에는 모짜렐라, 고다, 카망베르 등 다양한 맛의 슬라이스 치즈가 판매됩니다. 또한 대형 마트 유제품 코너나 와인 코너에서도 다양한 자연 치즈를 판매하고 있으니 도전해보세요. 자연 치즈의 경우, 구입하기 어렵다면 일반 슬라이스 치즈로 대체 가능합니다.

리코타 Ricotta

껍질이 없는 부드러운 질감의 치즈로 빵이나 크래커 등에 발라서 카나페로 즐기거나, 파스타나 샐러드, 뇨키 반죽에 넣는다. 리코타의 부드러운 맛이 달콤한 맛과 잘 어울려 과일 등이 들어간 디저트에도 이용된다. 냉장 보관해야 하고 유통기한이 짧은 편이므로 개봉한 후 빠른 시일 내에 먹는 것이 좋다.

프레시 모짜렐라 Fresh mozzarella

물소젖 또는 우유로 만드는 생치즈인데 동그란 형태로 만들어 소금물에 담겨 보관, 유통된다. 40~45%의 지방을 함유하며, 수분 함유량이 많아 유통기한이 짧으므로 반드시 냉장 보관해야 한다. 생으로 먹어도 되고 익혀서 먹어도 되는 치즈로 부드러운 맛이 좋아서 거부감 없이 널리 사랑받는 치즈이다.

보코치니 Bococcini

프레시 모짜렐라 치즈를 작은 형태로 만든 것으로, 메추리알 정도의 한입 크기로 만들어 샐러드 등에 넣었을 때 나이프 없이 먹기에도 편하고, 카나페에도 잘 어울리는 치즈이다. 수분 함유량이 많아 유통기한이 짧고 반드시 냉장 보관해야 한다.

부라타 Burrata

남부 이탈리아에서 유래한 생치즈로 프레시 모짜렐라 치즈와 크림으로 만든 치즈이다. 겉부분은 모짜렐라 치즈이고 안쪽에는 모짜렐라와 함께 크림이 들어가 있어 외관은 프레시 모짜렐라와 비슷하나 살짝만 갈라보아도 버터처럼 부드러운 질감이 눈에 띈다. 소금물에 담겨 판매되며 유통기한이 짧다.

그뤼예르 Gruyere

스위스 알프스 지방에서 생산되는 치즈로 노란빛을 띠는 딱딱한 질감의 치즈이며 45%의 지방을 함유하고 있다. 보통 6개월 정도 숙성 기간을 거치며, 그보다 오랜 숙성을 거치는 제품도 있다. 퐁듀, 수플레, 그라탱, 크로크무슈 등에 쓰인다.

파르미자노 (파르미자노 레지아노) Parmigiano Reggiano

딱딱한 경질의 이탈리아 정통 치즈로 보통 덩어리를 갈아서 사용하는데 풍미가 좋아 이탈리아 요리에 널리 쓰인다. 비슷한 치즈로는 그라노 파다노가 있다. 호주, 미국 등에서 만든 파마산 치즈 가루는 맛과 질감이 정통 파르미자노 레지아노와는 차이가 있지만 대체 가능하다.

블루치즈 Blue cheese

푸른 곰팡이에 의해 숙성되는 치즈로 내부에 곰팡이에 의한 대리석 무늬가 있다. 보통 청색이나 청흑색을 띠며 조직이 연해 부서지기 쉽다. 또한 자극적인 풍미와 독특한 감칠맛을 낸다. 고르곤졸라, 스틸턴, 로크포르가 대표적인 블루치즈에 속한다.

고르곤졸라 Gorgonzola

블루치즈의 한 종류로 강렬하고 콤콤한 맛과 향을 지니고 있으며 부슬부슬한 덩어리 형태의 질감을 띤다. 고르곤졸라는 호두, 파스타, 시금치, 루콜라, 꿀 등과 잘 어울리며 와인 중에는 달콤한 포트 와인과 특히 잘 어울린다.

샌드위치에 가장 많이 쓰이는 채소와 허브들

양상추 Iceberg lettuce

샌드위치에 가장 많이 애용되는 채소로 아삭한 식감과 청량한 맛이 좋다. 고를 때는 잎이 밝은 연두색을 띠고 윤택이 나며, 들었을 때 묵직해 속이 꽉 찬 것이 좋다. 저온 저장으로 20일간 저장 가능하며 건조하지 않도록 비닐 랩으로 싸거나 비닐 팩에 넣어 보관하는 것이 좋다.

로메인(로메인 레터스) Romaine lettuce

'로마인의 상추'라는 뜻으로 로마인이 즐겨 먹었다고 하여 붙은 이름이다. 씨저 샐러드에 들어가는 채소로 많이 알려져 있다. 씹는 맛이 아삭하며 쓴맛이 적고 감칠맛이 있다. 잎은 광택이 있는 것이 싱싱하고, 포기째 구입하거나 낱장으로 구입할 수 있다.

치커리 Chicory

쌉싸래한 맛이 입맛을 돋우는 채소로 특히 비린 맛이 있는 해산물이나 기름진 재료에 곁들이면 좋다. 잎이 시들지 않고 연한 녹색을 띠며 잎이 넓고 줄기가 긴 것이 좋다. 비닐 랩에 싸거나 비닐 팩에 넣어 냉장실에 보관한다.

루콜라 Rucola

루콜라는 아루굴라 또는 로켓 등의 이름으로 불리는 잎채소로 특유의 쌉싸래한 맛과 향을 지니고 있다. 주로 이탈리아 요리에 많이 사용하는 채소지만 다양하게 활용이 가능하다. 일부 백화점 식품 코너나 채소 도매시장에서 구입할 수 있으며, 구하기 어려울 경우에는 양상추나 어린잎 채소로 대체해도 된다.

적양배추 Red cabbage

아삭한 맛이 좋은 적양배추는 식이섬유가 많아 포만감을 주며 장 운동을 활발하게 해서 변비를 예방한다. 모양이 봉긋하고 윗부분이 뾰족하지 않은 것이 좋다. 적양배추는 잎보다 줄기가 먼저 썩기 때문에 칼로 줄기를 도려낸 후 물에 적신 키친타월을 넣어두면 싱싱하게 보관할 수 있다.

시금치 Spinach

짤막하면서도 뿌리 부분이 불그스름한 것이 달짝지근하고 고소하다. 온도가 높고 오래 익힐수록 비타민 C 파괴가 많아지니 되도록이면 빨리 조리한다. 신문지에 싸서 냉장고 채소칸에 보관한다.

겨자 잎 Mustard green

겨자 열매가 열리기 전에 나는 잎으로, 잎의 가장자리가 오글오글한 것이 특징이다. 푸른색의 잎은 청겨자, 붉은색의 잎은 적겨자라고 부른다. 톡 쏘는 듯한 매운맛과 향기가 특징으로 비린 맛을 없애는 역할을 한다. 주로 고기와 생선 요리에 잘 어울린다.

롤라로사 Rolarosa

이탈리아어로 장미처럼 붉다는 뜻으로 색이 고운 이탈리아 상추이다. 잎 모양이 곱슬곱슬하고 쌈채소나 샐러드, 무침 등으로도 즐겨 먹는다. 상추처럼 부드러우나 더 아삭해 샌드위치에 잘 어울린다.

샌드위치 속의 채소는 아삭한 식감을 낼 뿐 아니라 수분감을 더해 샌드위치를 더욱 맛있게 해주죠.
이 책에서는 주로 양상추나 로메인처럼 청량감을 주는 채소를 사용했지만, 집에 있는 다른 잎채소로도 대체가 가능합니다.
또한 대형 마트에서 많이 판매하는 은은한 향의 허브들도 곁들인다면 샌드위치에 색다른 맛을 더할 수 있어 좋아요.
허브가 없을 경우에는 풍미가 조금 달라지지만 생략해도 됩니다.

그린빈 Green bean
껍질이 있는 그린빈은 다 자라지 않은 어린 코투리를 수확한 것이므로 부드럽고 향이 좋다. 꼬투리를 따라서 굵은 섬유질이 있으니 조리하기 전에 제거하는 것이 좋다. 볶거나 살짝 데쳐서 조리하면 아삭하게 즐길 수 있다.

바질 Basil
쌉싸래하면서 달콤한 맛과 향을 지닌 바질은 여름철에 풍성하게 자라며, 토마토와 잘 어울린다. 요즘은 대형 마트에서도 쉽게 볼 수 있는 허브이며, 바질 화분을 사다가 키우면서 필요할 때마다 뜯어 사용하는 것도 좋다. 주로 대형 마트나 백화점의 채소 코너에서 구입할 수 있다.

애플민트 Apple mint
달고 향긋한 향이 좋은 허브로 디저트의 장식용으로 자주 쓰인다. 애플민트 젤리를 만들 때에도 사용하고, 쿠스쿠스나 샐러드 등에 곁들여도 좋다. 모히토 등의 칵테일에 쓰이기도 한다. 소화를 돕고 신경을 안정시키는 역할을 하여 차로도 즐긴다. 주로 대형 마트나 백화점의 채소 코너에서 구입할 수 있다.

물냉이 Watercress
물냉이는 흐르는 찬물에서 자란다고 하여 붙은 이름이다. 톡 쏘는 매운맛이 나서 고기와 잘 어울린다. 주로 대형 마트나 백화점의 채소 코너에서 구입할 수 있으며 구하기가 어렵다면 어린잎 채소로 대체해도 좋다.

딜 Dill
잎은 주로 요리 허브로 사용하고 씨앗은 고기나 생선 요리에 쓰인다. 딜은 생선 요리나 해산물, 달걀 그리고 부드럽게 요리한 채소에 잘 어울리며 오이피클에 향을 낼 때에도 넣는다. 주로 대형 마트나 백화점의 채소 코너, 채소 도매시장에서 살 수 있다.

고수 Cilantro
독특한 향의 허브로 코리앤더, 실란트로, 향차이로도 불리는데 주로 동남아 요리나 멕시칸 요리에 널리 사용된다. 생선 요리에 곁들이면 비린내를 없애는 역할을 하고 샌드위치에 잎을 다져 넣으면 입맛을 돋우고 소화를 촉진하는 효과가 있다. 주로 대형 마트나 백화점의 채소 코너에서 구입할 수 있다.

파슬리 & 이탈리안 파슬리
Parsley & Italian parsley
파슬리는 서양 요리에서 가장 대중적으로 사용되는 허브이다. 잎이 꼬불꼬불한 것이 일반 파슬리(콜리 파슬리)이고, 잎이 납작한 것은 이탈리안 파슬리(플랫 파슬리)라 부른다. 이탈리안 파슬리가 일반 파슬리보다 강한 향을 지닌다. 일반 파슬리는 대형 마트에서도 살 수 있으나, 이탈리안 파슬리는 주로 채소 도매시장에서 살 수 있다.

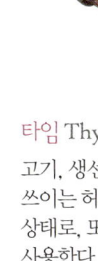

타임 Thyme
고기, 생선, 국물 요리 등에 쓰이는 허브류로 신선한 상태로, 또는 말린 것으로 사용한다. 신선한 상태가 훨씬 향이 좋지만, 보관하고 쓰기에는 말린 것이 용이하다. 말린 타임은 다른 종류의 허브에 비해 말렸을 때에도 향이 진하게 남아 있는 편이다. 주로 대형 마트나 백화점의 채소 코너에서 구입할 수 있다.

샌드위치 & 브런치에 어울리는 이국적인 재료와 양념들

A1 소스 A1 sauce

스테이크 소스의 대명사격으로 널리 알려진 소스로, 스테이크, 찜, 스튜 등에 잘 어울리는 소스이다. 미국에서는 굉장히 일반적이고 널리 쓰인다. 대형 마트나 백화점의 수입 소스 코너에서 구입할 수 있다.

발사믹 식초 & 발사믹 글레이즈 Balsamic vinegar & glaze

발사믹 식초는 이탈리아 모데나 지방의 포도로 만든 식초로, 검은색을 띠며 특유의 진한 풍미와 단맛이 있다. 숙성 기간이 길수록 깊고 풍부한 맛을 낸다. 발사믹 글레이즈는 발사믹에 설탕이나 꿀을 넣고 졸여 만든 소스로 새콤달콤한 맛이 난다. 스테이크 소스나 샐러드 드레싱 등 다양한 요리에 쓰인다.

크러시드 페퍼 Crushed pepper

인도산 고추를 거칠게 조각낸 향신료이다. 매운맛을 낼 때 사용하며 주로 소스나 드레싱에 이용한다. 다진 청양고추나 굵은 고춧가루로 대체해도 되나 맛과 풍미가 약간 다르다.

칠리 파우더 Chili powder

고추를 주성분으로 딜, 오레가노, 커민, 마늘 등의 허브와 향신료를 혼합한 양념 고춧가루이다. 햄, 소시지, 절임 식품류에 많이 이용된다. 고운 고춧가루로 대체해도 되나 맛과 풍미가 약간 다르다.

커리 파우더 Curry powder

강황과 터머릭, 코리앤더, 펜넬, 겨자, 커민 등이 혼합된 향신료로 매운맛과 독특한 향이 있다. 탈취 효과가 있어 육류, 가금류에 잘 어울리며 소스나 볶음에 많이 이용한다. 쉽게 구매할 수 있는 일반 카레가루와 달리 전분이 들어 있는 것이 차이점이다. 구하기 어려우면 풍미는 약하지만 일반 카레가루를 사용해도 된다.

렐리시 Relish

채소를 잘게 다진 후 절여서 익힌 것을 말하며, 보통 요리의 양념으로 쓰인다. 잼이나 처트니 처럼 달콤하게 만들어 장기 보관이 가능하다. 이 책에서는 오이로 만든 렐리시를 사용했는데, 오이피클의 물기를 짜서 잘게 다져 대체해도 된다. 특히 핫도그나 햄버거 등에 잘 어울린다.

스위트 칠리소스 Sweet chili sauce

고추, 마늘, 설탕을 넣고 만들어 새콤달콤하면서 매콤한 맛이 나는 소스이다. 주로 동남아 요리에 많이 쓰이며 닭고기, 새우 등에 곁들이면 잘 어울린다.

스리랏차 칠리소스 Sriracha chili sauce

매운맛을 지닌 핫소스의 한 종류로, 태국의 도시명을 따서 붙인 이름이다. 매운 고추와 식초, 마늘, 설탕, 소금 등을 넣어 만든 소스로, 매콤하면서도 달콤하고 새콤한 맛을 내 볶음 요리, 국물 요리, 소스 등에 널리 쓰인다. 베트남 음식점에서 쉽게 볼 수 있고 대형 마트나 백화점의 수입 소스 코너에서 구입할 수 있다.

이 책에 사용된 조금 낯선 재료들을 모아 소개합니다. 이들 중 몇몇은 샌드위치의 속재료나 스프레드로, 또 다른 몇 가지는 색다른 브런치 메뉴에 쓰여 맛을 한층 살려주는 것들이랍니다. 수입 제품이라 다소 생소하다면 그 맛과 활용도를 알려드리니 꼼꼼히 챙겨보세요. 대부분의 재료는 대형 마트나 백화점, 코스트코 수입 식품 코너, 인터넷 수입 식재료상, 코스트코 등에서 구입할 수 있습니다.

그린 커리 페이스트
Green curry paste

레몬그라스, 갈랑갈, 그린 칠리 등을 여러 가지 향신료와 함께 갈아서 만든 페이스트로, 태국 요리 중 볶음, 수프에 자주 쓰이고 생선이나 고기 등의 양념을 할 때에도 쓰인다. 매운맛과 특유의 향이 강해 적은 양으로도 맛을 낼 수 있다. 비슷한 제품으로는 옐로 커리 페이스트, 레드 커리 페이스트 등이 있다.

사워크림 Sour cream

생크림을 발효시켜 새콤한 맛이 나는 크림. 생크림보다 걸쭉하며 멕시코 음식이나 샐러드, 빵, 디저트의 재료로 쓰인다. 대형 마트나 백화점 유제품 코너에서 구입할 수 있다.

케이퍼 Caper

케이퍼의 꽃봉오리로 담근 피클로 연어 요리에 빠지지 않고 사용된다. 겨자 같은 매운맛과 함께 상큼하고 맑은 향을 내서 생선의 비린내를 없애고 요리의 맛을 돋운다.

그린 올리브 & 블랙 올리브
Green olive & Black olive

올리브 나무의 열매로 발효 후 염장한 것은 그린 올리브, 발효 과정 없이 염장한 것은 블랙 올리브이다. 맛은 그린 올리브보다 블랙 올리브가 부드럽고 식감은 그린 올리브가 블랙 올리브보다 조금 더 단단하다. 통조림이나 유리병에 담겨 유통되며, 대형 마트나 백화점 식품 코너에서 구입할 수 있다.

할라피뇨 Pickled jalapeno

멕시코 고추로 매운맛이 강하고 육질이 두꺼우며 아삭아삭한 식감이 좋다. 파스타나 피자, 타코 등에 곁들여 먹는 피클 고추로 주로 이용된다. 통조림이나 유리병에 담겨 유통되며, 대형 마트나 백화점 식품 코너에서 쉽게 구입할 수 있다.

블랙빈 통조림 Black bean

남아메리카 요리에 많이 사용되는 블랙빈을 익힌 후 양념하여 통조림으로 가공한 제품이다. 멕시코 요리인 부리토에도 많이 사용되고, 멕시칸 칠리 수프나 샐러드 등에도 이용된다. 대형 마트나 백화점 식품 코너에서 쉽게 구입할 수 있다.

앤초비 Anchovy

멸칫과에 속하는 작은 생선을 포를 떠서 뼈를 제거한 뒤 염장한 것으로, 우리나라의 멸치젓과 같이 강한 맛과 향을 지니고 있다. 대형 마트나 백화점 식품 코너에서 구입이 가능하며 샐러드 드레싱이나 카나페 외에도 집에서 파스타 요리를 할 때 2~3조각씩 넣으면 음식에 깊은 향과 감칠맛을 더해준다.

쿠스쿠스 Couscous

듀럼밀로 만들고 작은 씨앗 모양을 띠며, 가장 작은 파스타로 불리기도 한다. 알제리나 모로코 등지의 주된 식재료이며, 뜨거운 물이나 고기 국물을 부어 조리하는데, 보통은 고기나 채소 등을 넣어 만든 스튜와 함께 즐긴다. 코스트코나 온라인과 오프라인의 수입 식재료상에서 구입할 수 있다.

맛과 기능을 고려한
스프레드
다양하게 만들기

스프레드는 샌드위치를 맛있게 하고, 속재료의 수분이 빵에 스며 눅눅해지는 것을 막아줍니다. 그래서 지방이 많은 마요네즈, 버터, 올리브유, 치즈 등을 주로 활용하지요. 또한 깔끔한 맛의 토마토소스나 머스터드 등도 종종 사용한답니다. 이 책에 쓰인 기본 스프레드와 이들의 응용 스프레드도 소개합니다.

스프레드 보관하기

시판 소스로 만든 스프레드 시판 소스를 사용한 스프레드는 일반적으로 유통기한이 길다. 넉넉히 만들어 밀폐 용기에 담아 냉장실에 두면 2주~1달간 보관 가능하다.

홈메이드로 만든 스프레드 마요네즈, 토마토소스, 바질 페스토를 직접 만들어 사용했다면 시판 제품보다 유통기한이 짧다. 보관할 때는 병을 뜨거운 물에 소독해서 사용하는 것이 가장 중요하며 깨끗한 조리도구를 이용해 필요한 만큼 덜어서 사용하고, 남은 스프레드는 냉장실에 보관해야 한다. 7~10일간 보관할 수 있다.

이 책에 소개된 기본 스프레드 & 응용 스프레드

마요네즈, 버터, 오일, 치즈, 토마토소스 등의 기본 스프레드와 이들을 활용해 만든 다양한 응용 스프레드를 모아 정리했습니다.

마요네즈 스프레드

달걀노른자에 식물성 오일과 식초를 섞어서 소금과 겨자 등을 넣어 만든 소스이다. 고소하고 새콤한 맛이 특징이며, 마요네즈에 향신 채소나 허브 등을 넣어 다양한 맛으로 즐길 수 있다. 빵에 바르면 기름막을 형성하여 식재료의 수분에 의해 빵이 눅눅해지는 것을 막아줄 뿐 아니라 고소한 풍미를 더해 준다. 식재료의 맛을 제대로 느끼고 싶거나 식재료 자체의 맛이 순한 경우에는 마요네즈만 바르는 것이 좋다.

1. 홈메이드 마요네즈 만들기

재료(약 300㎖ 분량) 달걀노른자 5개분(90g), 레몬즙 3큰술, 디종 머스터드(또는 머스터드) 1작은술, 소금 1작은술, 식용유(포도씨유 또는 카놀라유) 3/4컵(150㎖)

만들기

01 볼에 달걀노른자, 레몬즙, 디종 머스터드, 소금을 넣어 잘 섞는다.
02 식용유를 천천히 조금씩 부어가며 거품기로 젓는다. 색깔이 크림색이 되고 걸쭉해지면 밀폐 용기에 담아 냉장실에 보관한다. 7~10일간 보관 가능하다.
  ★ 영유아, 임산부, 노약자 등 면역력이 약한 사람은 날달걀을 섭취할 경우 간혹 살모넬라균에 감염될 수 있으므로 주의한다.

2. 마요네즈로 만든 스프레드

 레몬 머스터드 스프레드 39쪽    레몬 마요 스프레드 43쪽

 마요 머스터드 스프레드 73, 81쪽    허니 머스터드 스프레드 83쪽

 씨겨자 마요 스프레드 47쪽    스파이시 마요 스프레드 57쪽

 핑크 마요 스프레드 51쪽    스위트 핑크 마요 스프레드 59쪽

 양파 핑크 마요 스프레드 67쪽    칠리 핑크 마요 스프레드 152쪽

 렐리시(다진 피클) 마요 스프레드 41쪽    렐리시(다진 피클) 핑크 마요 스프레드 148쪽

 커리 마요 스프레드 79쪽

샌드위치 스프레드

토마토소스 스프레드

파스타를 만들 때 들어가는 토마토소스를 이용한 스프레드이다. 일반 토마토소스는 수분 양이 많으니 스프레드용으로 사용하려면 작은 냄비에 넣고 전체 양의 2/3 정도가 되도록 중약 불에서 졸여 수분을 날려서 사용한다. 이렇게 만든 스프레드용 토마토소스는 토마토 맛이 더욱 진해져 좋다. 샌드위치뿐만 아니라 피자용 토마토소스로도 적합하다. 홈메이드로 만들어 사용해도 좋고, 시판 제품을 사용해도 된다.

1. 홈메이드 토마토소스 만들기

재료(약 1컵 분량) 방울토마토 15개(200g), 양파 1/7개(30g), 다진 마늘 1작은술, 소금 1/4작은술, 파슬리 가루 1/6작은술(생략 가능), 식용유(포도씨유 또는 카놀라유) 1큰술

만들기

01 방울토마토의 아랫부분에 열십(+)자로 칼집을 낸 후 끓는 물(4컵)에 넣고 10초간 데친다. 찬물에 담가 껍질을 벗긴다.
02 방울토마토는 4등분하고 양파는 채 썬다.
03 달군 팬에 식용유를 두르고 방울토마토, 양파, 다진 마늘, 소금, 파슬리 가루를 넣고 중약 불에서 4분~4분 30초간 볶은 후 한 김 식힌다.
04 믹서에 ③을 넣고 곱게 간 후 저장 용기에 담아 냉장 보관한다. 2주간 보관 가능하다.

2. 토마토소스로 만든 스프레드

머스터드 토마토 스프레드 53쪽

마늘 토마토 스프레드 75쪽

페스토 토마토 스프레드 77쪽

바질 페스토 스프레드

이탈리아의 제노바(Genova) 지방에서 유래한 소스로, 많은 양의 바질 잎과 함께 마늘, 잣, 파르미자노 치즈를 넣고 올리브유를 부어가며 갈아서 만든, 끓이지 않은 소스이다. 바질의 초록빛이 소스에 그대로 나타나며 바질의 풍부한 향과 맛이 잣과 치즈, 올리브유의 고소한 맛과 잘 어우러지는 훌륭한 소스이다. 해산물이나 고기 요리, 채소 요리 등 모든 재료와 두루 어울린다. 시판 제품을 쓸 경우 대형 마트나 백화점의 소스 코너에서 구입할 수 있다.

1. 홈메이드 바질 페스토 만들기

재료(약 1컵 분량) 바질 잎 1컵(꾹꾹 눌러 담은 양, 25g), 잣 4큰술(30g), 파르미자노 치즈 30g(또는 파마산 치즈 가루 5큰술), 소금 1/3작은술, 다진 마늘 1작은술, 올리브유 7큰술

만들기

01 바질은 흐르는 물에 씻은 후 체에 밭쳐 물기를 빼고 키친타월에 올려 물기를 완전히 제거한다.
02 파르미자노 치즈는 강판에 갈거나 칼로 잘게 다진다.
03 믹서에 바질, 잣, 파르미자노 치즈, 다진 마늘, 소금, 올리브유 5큰술을 넣는다.
04 믹서로 곱게 간 후 저장 용기에 담은 후 올리브유 2큰술을 넣어 냉장 보관한다. 한 달간 보관 가능하다.

2. 바질 페스토로 만든 스프레드

페스토 토마토 스프레드 77쪽

머스터드 스프레드

머스터드는 겨자씨를 물, 소금, 레몬즙 등과 함께 갈아서 만든 양념이다. **디종 머스터드**는 프랑스 디종 지역에서 시작된 것으로 부드럽고 크리미한 질감과 맛이 특징인 겨자이다. **씨겨자**는 겨자의 거친 입자가 그대로 있는 것으로, 고기나 소시지 등과 잘 어울린다. 디종 머스터드나 씨겨자는 일반 머스터드로 대체 가능하다. 그 자체로 스프레드로 사용해도 좋지만, 맛이 너무 자극적이라고 느껴진다면 마요네즈나 토마토소스 등에 섞어서 쓰면 좋다.

머스터드로 만든 스프레드

레몬 머스터드 스프레드 39쪽
마요 머스터드 스프레드 73쪽
허니 머스터드 스프레드 83쪽

씨겨자 마요 스프레드 47쪽
머스터드 토마토 스프레드 53쪽

치즈 스프레드

부드러운 크림 형태의 치즈를 주로 스프레드로 사용한다. 대표적인 것이 크림치즈인데, 가벼운 신맛과 고소한 맛이 좋다. 또한 염소 치즈, 블루치즈 등도 스프레드로 사용할 수 있다. 다양한 식재료를 가미하면 또 다른 맛의 즐거움을 느낄 수 있다. 치즈는 샌드위치 스프레드로, 여러 가지 딥으로, 또한 쿠키나 케이크 등의 디저트 재료로도 많이 사용된다. 치즈 스프레드는 토마토나 호두와 같은 견과류, 훈제 연어 등과 잘 어울린다.

치즈로 만든 스프레드

양파 크림치즈 스프레드 83쪽
파프리카 크림치즈 스프레드 137쪽
구운 마늘 크림치즈 스프레드 137쪽

볶은 햄 양파 크림치즈 스프레드 137쪽
블루치즈 스프레드 147쪽

버터 & 오일 스프레드

버터는 무염 버터와 가염 버터, 오일은 올리브유, 포도씨유, 카놀라유 등을 사용한다. 빵에 버터나 오일을 발라서 구우면 바삭함도 더해지고, 수분에 눅눅해지는 것을 막아줌과 동시에 특유의 고소한 맛과 향 덕분에 샌드위치의 맛이 더욱 좋아진다. 빵을 꼭 굽지 않아도 버터나 오일을 바르기만 해도 효과적이다. 단, 버터는 냉장 보관 시 딱딱하게 굳으니 스프레드용으로 사용할 때는 실온에 두었다가 말랑말랑한 상태로 사용한다. 주로 버터는 불에 굽는 그릴 샌드위치나 바삭한 빵을 이용하는 오픈 샌드위치를 만들 때 스프레드로 이용한다. 올리브유는 특유의 올리브 향과 잘 어울리는 포카치아를 사용한 샌드위치나 담백한 샌드위치를 만들 때 스프레드로 활용하면 잘 어울린다. 또한 부르스케타를 만들 때 버터나 올리브유와 다진 마늘을 섞어 바게트나 치아바타에 바른 후 구우면 향을 돋우는 역할도 한다. 아이들을 위한 간식 샌드위치를 만들 때는 기호에 따라 땅콩 버터를 이용하기도 한다.

그 밖에 스프레드로 사용하는 재료들

과일 잼 : 은은한 단맛이 있는 무화과, 살구, 사과, 오렌지로 만든 잼을 스프레드로 많이 사용한다. 특히 브리 치즈나 슈레드 피자 치즈처럼 부드러운 맛의 치즈와 잘 어울리며 그릴 샌드위치나 오픈 샌드위치를 만들 때 사용하면 좋다.

초코크림(누텔라) : 초콜릿과 헤이즐넛을 섞어 만든 스프레드. 달콤하고 부드러운 맛으로 디저트 샌드위치를 만들 때 바르면 좋다. 과일이나 치즈와 잘 어울린다.

호이신 소스 : 북경오리 요리를 먹을 때 주로 곁들여 먹는 소스. 콩, 설탕, 참깨, 마늘, 중국 향신료를 넣어 걸쭉한 농도를 지닌 달콤한 맛의 소스이다. 돼지고기, 오리고기, 닭고기 등에 잘 어울리며 이국적인 풍미의 샌드위치를 만들 때 마요네즈와 섞어 스프레드로 사용하면 좋다.

아보카도 : 과육의 30%가 지방으로 이루어져 버터처럼 부드럽고 독특한 향이 난다. 멕시코 음식에 많이 쓰이는 식재료이며, 주로 샐러드나 소스를 만드는 데 사용한다. 스프레드로 사용할 아보카도는 잘 익은 것을 골라 으깬 후 양념하여 사용한다.

호이신 칠리 스프레드 69쪽
아보카도 스프레드 85쪽

샌드위치
곁들임 메뉴

올리브 절임

구운 파프리카 절임

샌드위치와 브런치에
곁들이면 좋은
절임류와 피클

서양의 김치와 같은 절임류와 피클은 새콤하면서도 깔끔한 맛이 있어 입맛을 개운하게 해주죠. 이런 사이드 메뉴는 특히 샌드위치에 곁들이기 좋은데요. 집에서 간단하게 만들 수 있는 방법을 알려드릴게요. 샌드위치 외에 브런치, 피자, 파스타, 고기 요리에 곁들여도 아주 잘 어울린답니다.

채소 피클

올리브 절임

⏰ 5~10분 🥢 재료 5~6인분 그린 올리브(병조림 또는 통조림) 1/2컵(65g), 블랙 올리브(병조림 또는 통조림) 1/2컵(65g), 레몬 1/4개, 크러시드 페퍼 1/2작은술(생략 가능), 올리브유 1/2컵(100㎖)

01 레몬은 깨끗하게 씻어 0.3cm 두께로 썬다.
02 밀폐 용기에 올리브와 레몬, 크러시드 페퍼를 넣고 버무린 뒤 재료가 푹 잠기도록 올리브유를 붓는다. 하루 정도 실온에 두었다가 먹는다.
★ 샌드위치나 브런치 요리 등을 먹을 때 피클처럼 곁들여 먹기에 좋고, 와인 안주로도 훌륭하다. 남은 오일은 재료의 맛과 향이 배어 있어 빵을 찍어 먹어도 좋고 샐러드 드레싱을 만들 때 사용해도 좋다.

구운 파프리카 절임

⏰ 15~20분 🥢 재료 2~3인분 파프리카 2개(400g), 마늘 3쪽, 파슬리 1~2줄기(생략 가능), 올리브유 1/2컵(100㎖)

01 파프리카를 불에 올려 직화로 껍질을 태운다(99쪽 참고).
02 전체가 까맣게 타면 볼에 넣고 비닐 랩을 씌운 뒤 2~3분간 둔다.
03 파프리카가 한 김 식으면 검게 탄 껍질을 깨끗하게 벗긴 다음 씨를 빼고 길이대로 6등분한다.
04 마늘은 얇게 편 썰고, 파슬리는 굵게 다진다.
05 밀폐 용기에 파프리카, 마늘, 파슬리를 넣어 버무린 뒤 재료가 푹 잠기도록 올리브유를 붓는다. 하루 정도 실온에 두었다가 먹는다.
★ 구운 빵이나 비스킷 등에 올리면 와인 안주로 훌륭한 카나페가 된다. 또한 크림소스 파스타에 넣으면 풍부한 파프리카 향을 즐길 수 있고, 잘게 다져서 스프레드처럼 빵에 발라 먹어도 좋다. 남은 오일은 재료의 맛과 향이 배어 있어 빵을 찍어 먹어도 좋고 샐러드 드레싱을 만들 때 사용해도 좋다.

채소 피클

⏰ 25~30분 🥢 재료 5~6인분 무 지름 10cm, 두께 2cm 1토막(200g), 오이 3/4개(150g), 양파 1/2개(100g), 파프리카 1/2개(100g), 홍고추 1개, 레몬 1/2개, 설탕 1컵, 식초 1과 1/3컵(235㎖), 물 2/3컵(135㎖), 소금 4작은술, 피클링 스파이스 1/2작은술(생략 가능)

01 무, 오이, 양파, 파프리카, 홍고추는 한입 크기로 썬다. 레몬은 0.3cm 두께로 썬다.
02 냄비에 설탕, 식초, 물, 소금, 피클링 스파이스를 넣고 중간 불에서 끓어오르면 설탕이 녹을 때까지 1분간 끓인 후 한 김 식힌다.
03 밀폐 용기에 채소들을 담고 ②의 피클 물을 붓는다. 3시간 동안 실온에 두어 숙성한 뒤 냉장실에 넣어 하루 정도 보관한 후 먹는다.

빵가루

시나몬 러스크

마지막까지 맛있고 알뜰하게!
남은 빵 활용법

샌드위치를 만들고 남은 자투리 빵들, 그냥 냉장고에 방치하지 마세요. 이들을 잘 보관하는 방법은 물론 빵가루, 크루통, 러스크, 푸딩 등 맛있고 알뜰하게 활용하는 방법을 알려드리겠습니다.

남은 빵 보관하기

2~3일 내에 먹을 경우에는 냉장 보관하고, 4~5일 정도 지난 후에 먹을 계획이라면 냉동 보관하도록 한다. 냉동한 빵은 상온에서 녹인 후 사용하고, 빵을 구울 때는 스프레이로 물을 살짝 뿌려서 구우면 지나치게 건조해지는 것을 방지할 수 있다.

빵가루

⏰ 15~20분　🍴 재료 식빵 3장

01 식빵을 큼직하게 썬다.
02 달군 팬에 식빵을 올려 약한 불에서 10분간 굴려가며 바삭하게 굽는다.
　★ 또는 오븐 팬에 골고루 펼치고 200℃로 예열한 오븐의 가운데 칸에 넣어 8~9분간 노릇하게 굽는다.
03 빵을 꺼내 한 김 식힌 뒤 푸드 프로세서에 넣고 곱게 간다.
　★ 푸드 프로세서가 없는 경우, 위생 봉투에 넣고 으깨어 가루를 낸다.

시나몬 러스크

⏰ 15~20분　🍴 재료 2인분　식빵 3장, 포도씨유 2큰술 설탕 3작은술, 계핏가루 1/4작은술, 소금 약간

01 오븐은 200℃(미니 오븐 190℃)로 예열한다. 식빵은 삼각형 모양으로 8등분한다.
02 볼에 식빵, 포도씨유를 넣고 버무린다. 작은 그릇에 설탕, 계핏가루, 소금을 넣어 섞은 후 식빵이 담긴 볼에 넣고 골고루 버무린다.
02 오븐 팬에 식빵을 골고루 펴고 200℃ 오븐(미니 오븐 190℃)의 가운데 칸에 넣어 7~8분간 노릇하게 굽는다.

브레드 푸딩

브레드 푸딩

🕒 15~20분　🍴재료 1~2인분　식빵 1장, 생크림
(또는 우유) 약 1/3컵(75㎖), 우유 약 1/3컵(75㎖),
달걀 1개, 아몬드 슬라이스 1큰술, 건포도 1과
1/2큰술(15g), 설탕 3작은술, 소금 약간, 계핏가루
약간(생략 가능)

01 오븐은 200℃(미니 오븐 190℃)로 예열한다.
식빵은 사방 2cm 크기로 썬다.
02 볼에 생크림, 우유, 달걀, 설탕, 계핏가루를 넣고
골고루 섞는다.
03 오븐 용기에 식빵을 2/3 정도 담고 ②를 붓는다.
아몬드 슬라이스, 건포도를 올린다.
04 200℃ 오븐(미니 오븐 190℃)의 가운데 칸에
넣고 8~10분간 굽는다.

허브 크루통

🕒 15~20분　🍴재료　식빵 3장, 올리브유 2큰술, 파마산
치즈 가루 2작은술(생략 가능), 파슬리 가루 1/2작은술,
소금 약간, 후춧가루 약간

01 식빵을 사방 1.5cm 크기로 썬다.
02 볼에 식빵, 올리브유를 넣고 버무린다. 작은 그릇에
파마산 치즈 가루, 파슬리 가루, 소금, 후춧가루를
넣어 잘 섞은 후 식빵이 담긴 볼에 넣고 한 번 더
버무린다.
03 달군 팬에 식빵을 올리고 중약 불에서 저으면서
4분간 바삭하게 볶는다. ★ 또는 오븐 팬에
골고루 펴고 200℃(미니 오븐 190℃)로 예열한
오븐의 가운데 칸에 넣어 8~10분간 바삭하게
굽는다.

허브 크루통

샌드위치
포장법

보기 예쁘게, 먹기 깔끔하게!
샌드위치 포장법

샌드위치 속재료가 많지 않은 경우에는 먹기에
별다른 불편함이 없지만, 맛과 영양을 위해 속을
두툼하게 채웠다면 먹을 때 속재료가 마구 빠져나와
점잖게 먹기가 쉽지 않지요. 특히 예쁘게 만들어
도시락으로 가져갔는데 막상 뚜껑을 열어보니
모두 흐트러져 있다면 더 많이 속상할 겁니다.
그래서 조금이라도 편하게 먹을 수 있도록
샌드위치가 흐트러지지 않게 꼬치를 꽂는다거나
적당한 크기로 썰어 유산지에 싸기도 하는데요,
이 방법들을 포함해 보다 다양한 샌드위치 포장법을
하나씩 소개하겠습니다. 샌드위치 레시피만큼이나
활용도가 높은 정보이니 꼭 숙지하세요.

1. 썰기

다양한 속재료가 들어간 샌드위치를 썰 때는 재료들이 서로 밀려 빠져나오거나 미끄러져 샌드위치가 무너질 수 있다. 썰기 전, 모양에 맞게 꼬치를 꽂아 재료를 고정한 후 썰면 모양을 흐트리지 않고 썰 수 있다. 또한 톱니 모양의 빵칼을 사용하면 좀 더 쉽게 썰 수 있다. 포장할 경우에는 비닐 랩이나 유산지로 감싸 포장한 채로 썰어도 좋다.

삼각형으로 2등분하기

삼각형으로 4등분하기

사각형으로 2등분하기

사각형으로 4등분하기

2. 다양하게 포장하기

비닐 랩으로 포장하기
가장 간단하게 포장할 수 있는 방법이다. 샌드위치 크기의 2배가 되도록 비닐 랩을 준비한 후 샌드위치를 올려 감싼다. ★ 알루미늄 포일을 이용해 같은 방법으로 포장해도 좋다.

유산지, 종이 포일로 포장하기
투박한 멋이 있는 포장법이다. 샌드위치 크기의 2배가 되도록 유산지를 준비한 후 샌드위치를 올려 감싼다. 끈으로 묶거나 스티커를 붙여 유산지를 고정시킨다. ★ 비닐 랩으로 포장한 후 샌드위치를 썰어 유산지로 한 번 더 감싸도 좋다.

비닐 포장 봉투로 포장하기
단호박이나 감자 소를 넣은 샌드위치처럼 모양이 쉽게 흐트러지지 않는 샌드위치를 포장할 때 좋다. 봉투의 크기에 맞게 샌드위치를 썰거나 통째로 넣어 끈이나 리본으로 묶는다. 또는 접어서 스티커를 붙여도 예쁘다.

종이 봉투에 담아 포장하기
가까운 곳으로 나갈 때 준비하는 도시락으로 추천하는 포장법이다. 비닐 랩으로 샌드위치를 싼 후 종이 봉투에 담는다. 스티커로 포인트를 줘도 좋다.

도시락통에 담아 포장하기
샌드위치 도시락을 쌀 때는 틈이 없도록 샌드위치를 담아야 흐트러지지 않는다. 만약 틈이 생긴다면 유산지에 한 조각씩 감싼 후 담는다. 또는 남는 공간에 방울토마토와 같이 물기가 없는 과일을 담는다.

샌드위치 전용 포장 용기에 담아 포장하기
선물용으로 준비할 때 이용하면 좋은 포장법. 포장 용기에 맞게 샌드위치를 썬 후 유산지도 샌드위치크기에 맞게 자른다. 샌드위치를 유산지로 감싼 후 통에 담는다. 끈으로 묶어 이름표를 달거나 스티커를 붙여 장식한다.

포장 재료 구입처
서울 중구의 방산시장(을지로 4가 지하철역 근처)이나 인터넷 쇼핑몰에서 구입할 수 있다.
베이킹스쿨(www.bakingschool.co.kr), 이지베이킹(www.ezbaking.com), 포장119(www.package119.com)

계량 및 손질 가이드

요리 왕초보를 위한 계량 및 재료 손질 가이드

언제 만들어도 실패 없이, 맛있게 요리하기 위해서는 정확한 계량과 불 조절, 조리 시간 준수 등이 필요합니다.
책 속 레시피를 그대로 따라 하기 위해 미리 숙지해야 할 계량하는 방법, 불 세기 맞추는 요령, 재료 손질법 등을 소개합니다.

계량도구 사용법

가루나 점도가 있는 재료는 가득 담은 후 사진처럼 윗부분을 편편하게 깎아 계량한다. 액체 재료는 찰랑찰랑할 때까지 가득 담는다.

1작은술 5㎖
1컵 200㎖
1큰술 15㎖

계량도구가 없을 때 계량하기

- 계량스푼 1큰술 = 15㎖
- 밥숟가락 1큰술 = 10~12㎖
- 계량스푼 1큰술 = 밥숟가락 1과 1/3큰술
- 계량컵 1컵 = 200㎖
  종이컵도 거의 비슷하므로 계량컵 대신 종이컵을 사용하면 된다.

불 세기 맞추기

집집마다 화력이 다르므로 불꽃과 냄비 바닥 사이의 간격으로 불 세기를 조절한다.

중약 불 → 중강 불 →

팬 달구기
팬을 중간 불로 달궈 손을 가까이 댔을 때 따뜻한 열기가 느껴지면 적당히 달궈진 것. 특별한 주의가 필요한 경우 레시피 상의 설명을 따른다.

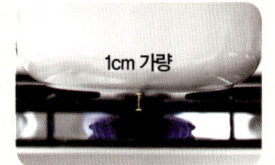

1cm 가량

약한 불
불꽃과 냄비 바닥 사이에 1cm 가량 틈이 있는 정도의 불 세기

0.5cm 가량

중간 불
불꽃과 냄비 바닥 사이에 0.5cm 가량 틈이 있는 정도의 불 세기

센 불
불꽃이 냄비 바닥까지 닿는 정도의 불 세기

손대중량 한 줌, 한 컵 등으로 표시되는 재료

소금 약간(1/5작은술 이하)

후춧가루 약간(가볍게 2회가량 턴 분량)

시금치 1줌(50g)

어린잎 채소 1줌(20g)

피망 채 썰기

❶ 피망을 길게 2등분한다.

❷ 꼭지 부분을 바깥쪽으로 당겨 깔끔하게 떼어낸다.

❸ 안쪽이 보이도록 놓고 원하는 크기로 썰면 미끄러지지 않는다.

양파 다지기

❶ 오른쪽 측면에서 가운데 부분까지 45°로 촘촘히 칼집을 낸다.

❷ 좌우로 방향을 돌려서 다시 오른쪽 측면에서 가운데 부분까지 45°로 촘촘히 칼집을 낸다.

❸ 양파를 90°로 돌려 잘게 썬다.
양파 1/20개(10g) = 다진 양파 1큰술

아보카도 손질하기

❶ 아보카도의 가운데 씨 있는 부분까지 칼집을 낸다.

❷ 손으로 아보카도 양쪽을 잡고 비틀어서 벌린다.

❸ 한쪽 면에 붙어 있는 씨를 칼로 콕 찍어 빼내거나 숟가락으로 파낸다.

오렌지 과육 발라내기

❶ 오렌지의 양끝을 잘라낸다.

❷ 칼로 껍질을 벗긴다. 이때 칼날이 날카롭지 않으면 과육이 뭉개질 수 있으니 날카로운 칼을 이용한다.

❸ 속껍질 바로 옆에 얇게 칼집을 내서 살만 발라낸다.

일반 팬에서 그릴 샌드위치 굽기

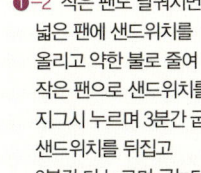
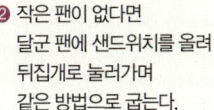

❶-1 넓은 팬에 바닥이 깨끗이 닦은 작은 팬을 올리고 중간 불에서 달군다.
★ 넓은 팬은 바닥이 두꺼운 것을 선택한다.

❶-2 작은 팬도 달궈지면 넓은 팬에 샌드위치를 올리고 약한 불로 줄여 작은 팬으로 샌드위치를 지그시 누르며 3분간 굽는다. 샌드위치를 뒤집고 3분간 더 누르며 굽는다.

❷ 작은 팬이 없다면 달군 팬에 샌드위치를 올려 뒤집개로 눌러가며 같은 방법으로 굽는다.

사용한 기름 처리하기

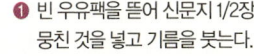

❶ 빈 우유팩을 뜯어 신문지 1/2장 뭉친 것을 넣고 기름을 붓는다.

❷ 신문지를 뭉쳐 넣은 후 기름을 붓고 다시 신문지 뭉친 것을 넣어 기름이 흡수되면 우유팩의 입구를 테이프로 봉해 일반 쓰레기 봉투에 버린다.

chapter 1
간단하고 맛있는
기본 샌드위치

샌드위치 전문점이나 카페에 늘 있는 대표 샌드위치들을 모았습니다. 감자, 달걀, 단호박, 햄, 치즈 등 간단하고 흔한 재료들로 언제 어디서나 손쉽게 만들어 간편하게 즐길 수 있는 것들이지요. 그렇다고 평범하기만 한 샌드위치는 아닙니다. 재료의 조합, 스프레드, 소스 등에 변화를 주어 더욱 맛있게 즐길 수 있도록 만들었지요. 기본 샌드위치뿐만 아니라 바쁠 때 후다닥 만들 수 있는 길거리 토스트, 핫도그 등도 소개했으니 간식부터 든든한 한 끼까지 다양한 상황에 맞는 샌드위치를 만들어보세요.

단호박 아몬드 샌드위치

달콤한 단호박에 고소한 아몬드를 더한 영양 만점 샌드위치랍니다.
간단하지만 포만감이 커 든든한 한 끼 식사용으로 딱이지요.

달걀 샌드위치

만들기 쉽고 영양가가 높아 아이 간식용으로 인기가 많은 샌드위치입니다.
생양파를 넣으면 아삭하게 씹히는 맛이 더해져 더욱 깔끔하게 즐길 수 있답니다.

단호박 아몬드 샌드위치

- 15~20분
- 1개분

- □ 호밀 식빵(또는 식빵) 2장
- □ 단호박 1/4개(200g)
- □ 아몬드 슬라이스 3큰술(15g)
- □ 마요네즈 1큰술
- □ 꿀(또는 올리고당, 설탕) 1작은술
- □ 소금 약간

스프레드
- □ 마요네즈 1큰술

☆ Tip

1. 단호박 대신
같은 양의 고구마를 사용해도 좋다.

2. 단호박 소 응용하기
단호박 소를 동그랗게 뭉쳐 빵가루를 입힌 후 튀겨 크로켓을 만들면 간단한 술안주로 즐길 수 있다.

1단계: 스프레드 및 속재료 준비하기

01 단호박은 속의 씨를 숟가락으로 파내고 큼직하게 썬 후 내열 용기에 담고 비닐 랩을 씌워 전자레인지(700W)에서 9분간 찐다. ★ 김이 오른 찜기에 넣고 뚜껑을 덮은 채 15~20분간 쪄도 좋다.

02 달군 팬에 아몬드 슬라이스를 올려 약한 불에서 2분간 노릇하게 볶는다.

03 볼에 단호박을 넣고 숟가락이나 포크로 으깬 뒤 아몬드 슬라이스, 마요네즈(1큰술), 꿀, 소금과 함께 섞어 단호박 소를 만든다.

2단계: 샌드위치 완성하기

 ① 2장의 식빵 한쪽 면에 마요네즈를 1/2큰술씩 바른다.

 ② 단호박 소를 올리고 나머지 식빵으로 덮는다.

 완성!

달걀 샌드위치

- 25~30분
- 1개분

- □ 호밀빵(또는 식빵) 2쪽
- □ 달걀 2개
- □ 적양파링 슬라이스(또는 양파) 1/8개분(25g)
- □ 딜 1~2줄기(생략 가능)
  ★ 재료 설명 21쪽

레몬 머스터드 스프레드
- □ 마요네즈 3큰술
- □ 설탕 1작은술
- □ 레몬즙 1작은술
- □ 씨겨자(또는 머스터드) 2작은술 ★ 재료 설명 27쪽
- □ 후춧가루 약간

☆ Tip

아이들과 함께 먹는다면?
생양파 대신 채 썬 파프리카 또는 피망을 곁들인다.

1단계: 스프레드 및 속재료 준비하기

01 냄비에 달걀을 넣고 달걀이 잠길 만큼 물을 붓는다. 센 불에 올려 끓어오르면 불을 끄고 뚜껑을 덮은 채 12분간 둔다.

02 스프레드 재료를 골고루 섞는다. 딜은 잎만 뜯어둔다.

03 적양파는 얇게 링으로 썬 뒤 찬물에 10분간 담가 매운맛을 뺀 후 건져 물기를 제거한다. 볼에 삶은 달걀을 넣고 숟가락이나 포크로 으깬 뒤 스프레드 2큰술을 섞어 달걀 소를 만든다.

2단계: 샌드위치 완성하기

 ① 2장의 빵 한쪽 면에 남은 스프레드를 1/2분량씩 바른다.

 ② 달걀 소를 올린다.

 ③ 양파를 올린다.

 ④ 딜을 올리고 나머지 빵으로 덮는다.

 완성!

클럽 샌드위치

클럽 샌드위치는 1894년, 뉴욕의 사라토가 도박 클럽에서 처음 만들어졌다고 해요. 3장의 구운 식빵 사이에 재료를 넣고 4등분한 것이 전형적인 형태이지만 2장의 식빵으로 좀 더 간단하게 만들었습니다.

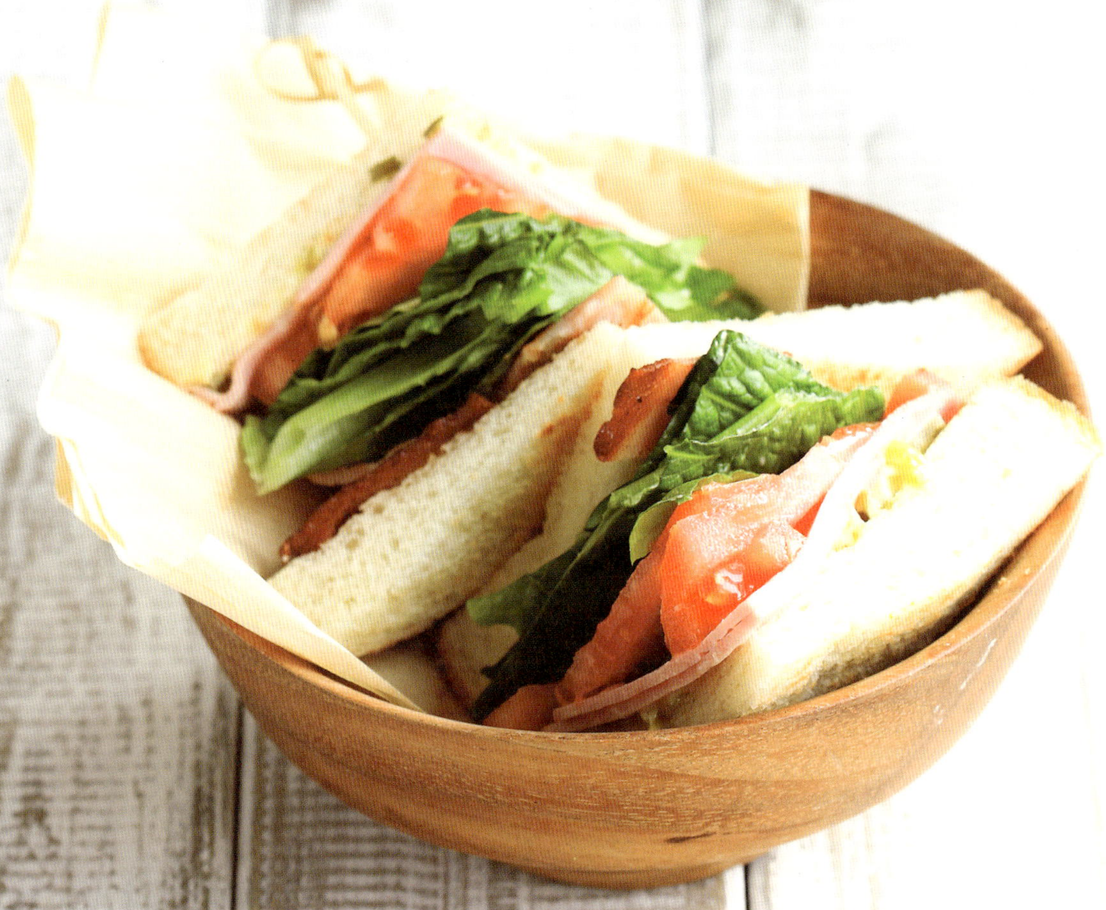

chapter 1 간단하고 맛있는 기본 샌드위치

⏰ 15~20분
🥕 1개분

- 식빵 2장
- 베이컨 긴 것 3줄(50g)
- 슬라이스 햄 2장(24g)
- 토마토 슬라이스 3개
- 로메인(또는 상추) 3~5장(50g)
- 소금 1/6작은술
- 후춧가루 약간

렐리시 마요 스프레드
- 마요네즈 1과 1/2큰술
- 렐리시(또는 잘게 다진 피클) 1큰술 ★ 재료 설명 22쪽

1단계: 스프레드 및 속재료 준비하기

01
작은 볼에 스프레드 재료를 넣고 골고루 섞는다.

02
달군 팬에 식빵을 올려 중약 불에서 앞뒤로 1분 30초씩 구워 한 김 식힌다.

03
토마토 슬라이스는 키친타월에 올리고 소금을 뿌린 다음 수분을 제거한다.

04
로메인은 차가운 물에 씻은 후 물기를 제거하고 빵 크기에 맞게 손질한다.

05
달군 팬에 베이컨을 올리고 후춧가루를 뿌려 중간 불에서 2분간 뒤집어가며 바삭하게 굽는다. 키친타월에 올려 기름기를 뺀다.

2단계: 샌드위치 완성하기

❶ 2장의 식빵 한쪽 면에 스프레드를 1/2분량씩 바른다.

❷ 베이컨을 올린다.

❸ 로메인을 올린다.

❹ 토마토를 올린다.

❺ 슬라이스 햄을 올린 후 나머지 빵으로 덮어 4등분한다.

완성!

☆ Tip

1. **샌드위치 예쁘게 썰기** 샌드위치를 완성한 후 식빵의 각 면에 꼬치나 이쑤시개를 꽂아 고정한 다음 삼각형 모양이 되도록 4등분한다. ★ 샌드위치 썰기 33쪽 참고
2. **더욱 푸짐하게 즐기려면?** 클럽 샌드위치에 구운 닭가슴살을 곁들이면 더욱 든든하게 즐길 수 있다. 굽는 법은 먼저 닭가슴살을 포를 뜨는 것처럼 칼을 눕혀 3등분으로 저민 후 소금, 후춧가루를 약간씩 뿌려 밑간한다. 달군 팬에 식용유를 두르고 닭가슴살을 올려 중약 불에서 4분간 뒤집어가며 구우면 된다.

오이 샌드위치

영국의 여왕이 오후에 차를 마실 때 주로 곁들인 샌드위치라고 합니다. 새콤달콤하게 절인 오이와 크림치즈가 잘 어울리지요. 아침 식사나 간식으로 가볍게 먹을 수 있는 메뉴입니다.

게맛살 샌드위치

뉴욕에서 유학 중에 먹어본 크랩 롤 Crab Roll 샌드위치는 진짜 게살을 넣어 잊지 못할 맛을 선사했죠. 그때를 기억하며 맛있고 간단하게 즐길 수 있는 게맛살 샌드위치를 만들었답니다.

chapter 1 간단하고 맛있는 **기본 샌드위치**

오이 샌드위치

⏱ 10~15분
🥕 1개분

- ☐ 호밀빵(또는 식빵) 2쪽
- ☐ 오이 약 1/3개(70g)
- ☐ 딜 1~2줄기(생략 가능)
  ★ 재료 설명 21쪽
- ☐ 설탕 1/2작은술
- ☐ 소금 1/4작은술
- ☐ 식초 1작은술

스프레드
- ☐ 크림치즈 2큰술

1단계 스프레드 및 속재료 준비하기

01 오이는 0.3cm 두께로 썰고, 딜은 잎만 떼어둔다.

02 볼에 설탕, 소금, 식초를 넣어 섞은 후 오이를 넣고 5분간 재운 뒤 체에 밭쳐 물기를 뺀다. ★ 생오이를 그대로 사용하기도 하지만 살짝 절여서 사용하면 수분도 빠지고 새콤달콤한 맛이 더해져 더욱 맛이 좋다.

2단계: 샌드위치 완성하기

① 2장의 빵 한쪽 면에 크림치즈를 1큰술씩 바른다.
② 오이를 올린다.
③ 딜을 올리고 나머지 빵으로 덮는다.
완성!

게맛살 샌드위치

⏱ 15~20분
🥕 2개분

- ☐ 소프트 롤(또는 모닝빵) 2개
- ☐ 게맛살 짧은 것 3줄(55g)
- ☐ 치커리 4장(10g)
- ☐ 셀러리 줄기 7cm(15g)
- ☐ 소금 약간
- ☐ 후춧가루 약간

레몬 마요 스프레드
- ☐ 레몬 1/4개(레몬즙 2작은술
  + 레몬 제스트 1/4개분)
- ☐ 마요네즈 2큰술
- ☐ 설탕 1작은술
- ☐ 후춧가루 약간

☆ **Tip**

1. 셀러리 향이 부담스럽다면?
셀러리 대신 사과(1/8개)를 다져 넣는다.

2. 게맛살 소 응용하기
게맛살 소는 또띠아에 넣어 돌돌 말아서 즐겨도 좋다. 또한 초 양념을 한 밥에 게맛살 소, 아보카도를 넣어 캘리포니아 롤이나 주먹밥 등을 만들어도 잘 어울린다.

1단계 스프레드 및 속재료 준비하기

01 레몬은 깨끗이 씻어 노란 껍질만 얇게 벗긴 후 잘게 다져 레몬 제스트를 만든다. 즙을 짜서 2작은술을 만든다. 스프레드 재료를 골고루 섞는다. 소프트 롤은 3/4 정도 깊이의 칼집을 낸다. ★ 레몬 껍질 씻기 45쪽 Tip 참고

02 게맛살은 손으로 잘게 찢는다. 치커리는 차가운 물에 씻은 후 물기를 제거하고, 셀러리는 질긴 섬유질을 벗겨낸 후 잘게 다진다. ★ 셀러리의 섬유질은 필러를 이용하여 쉽게 제거할 수 있다.

03 볼에 게맛살, 셀러리, 소금, 후춧가루와 스프레드 2큰술을 넣고 버무려 게맛살 소를 만든다.

2단계: 샌드위치 완성하기

① 빵의 안쪽 면에 남은 스프레드를 바른다.
② 치커리를 올린다.
③ 게맛살 소를 올린 후 빵을 접는다.
완성!

043

참치 샌드위치

참치 샌드위치는 자칫 잘못하면 비리고 퍽퍽할 수 있는데요.
채소를 듬뿍 곁들이고 레몬 제스트가 들어간 레몬 마요 스프레드를 발라
아삭하고 상큼한 맛을 살린 참치 샌드위치로 만들었답니다.
담백한 참치와 고소한 크루아상의 궁합 또한 좋지요.

chapter 1 간단하고 맛있는 **기본 샌드위치**

15~20분
1개분

- ☐ 크루아상 1개(또는 식빵 2장)
- ☐ 참치 통조림 1/2캔 (작은 캔, 50g)
- ☐ 양상추 1과 1/2장 (손바닥 크기, 20g)
- ☐ 셀러리 줄기 6cm(12g)
- ☐ 적양파(또는 양파) 1/20개(10g)

레몬 마요 스프레드
- ☐ 레몬 1/4개(레몬즙 2작은술 + 레몬 제스트 1/4개분)
- ☐ 마요네즈 3큰술
- ☐ 설탕 1작은술
- ☐ 후춧가루 약간

1단계 스프레드 및 속재료 준비하기

01

레몬은 깨끗이 씻어 노란 껍질만 얇게 벗긴 후 잘게 다져 레몬 제스트를 만든다. 즙을 짜서 2작은술을 만든다. 작은 볼에 스프레드 재료를 넣고 골고루 섞는다.

02

크루아상에 3/4 정도 깊이로 칼집을 넣는다.

2단계 샌드위치 완성하기

❶  빵의 칼집 안쪽 면에 남은 스프레드를 바른다.

❷  양상추를 올린다.

❸  참치 소를 올린다.

03

참치는 체에 밭쳐 기름기를 뺀다.

04

양상추는 차가운 물에 씻은 후 체에 밭쳐 물기를 빼고 빵의 크기에 맞게 손질한다.

05

셀러리는 질긴 섬유질을 벗겨 잘게 다지고, 양파도 잘게 다진다.
★ 셀러리의 섬유질은 필러를 이용하여 쉽게 제거할 수 있다.

06

볼에 참치, 셀러리, 양파, 스프레드 2큰술을 넣고 버무려 참치 소를 만든다.

 완성!

☆ **Tip**
요리에 상큼한 향을 더해주는, 레몬 제스트(Lemon zest, 다진 레몬 껍질) 만들기 레몬은 과일 세척제나 베이킹 소다, 소금에 박박 문질러 닦은 후 잠시 두었다가 끓는 물에 넣고 굴리면서 데친 후 찬물에 헹군다. 레몬 제스트를 만들 때는 겉의 노란 껍질만 이용하는데, 껍질을 얇게 칼로 저미거나 필러로 벗긴 후 채 썰거나 잘게 다진다. 안쪽의 흰 부분은 향이 없고 쓴맛이 나므로 최대한 제거한다.

감자 베이컨 샌드위치

집에서 자주 즐겨 먹는 감자 샌드위치를 좀 더 세련된 맛으로 즐겨보세요.
베이컨과 양파, 알싸한 머스터드의 맛이 담백한 감자의 맛을 한층 더 살려준답니다.

chapter 1 간단하고 맛있는 기본 샌드위치

- ⏱ 20~25분
- 🥕 1개분

- ☐ 식빵 2장
- ☐ 감자 1개(중간 크기, 150~160g)
- ☐ 베이컨 긴 것 3줄(36g)

- ☐ 양파 1/4개(50g)
- ☐ 식용유(포도씨유 또는 카놀라유) 1작은술
- ☐ 후춧가루 약간

씨겨자 마요 스프레드
- ☐ 마요네즈 3큰술
- ☐ 씨겨자(또는 머스터드) 1작은술 ★ 재료 설명 27쪽
- ☐ 소금 1/6작은술

1단계 스프레드 및 속재료 준비하기

01

작은 볼에 스프레드 재료를 넣고 골고루 섞는다.

02

감자는 껍질을 벗기고 큼직하게 썬 후 내열 용기에 담고 비닐 랩을 씌워 전자레인지(700W)에서 8분간 찐다.

03

달군 팬에 식빵을 올려 중약 불에서 앞뒤로 1분 30초씩 구워 한 김 식힌다.

04

양파와 베이컨은 잘게 다진다.

05

달군 팬에 식용유를 두른 후 베이컨, 양파, 후춧가루를 뿌려 중간 불에서 3분간 볶는다.

06

볼에 감자를 넣고 으깬 뒤 ⑤와 스프레드 2큰술을 넣고 버무려 감자 소를 만든다.

2단계: 샌드위치 완성하기

①

2장의 식빵 한쪽 면에 남은 스프레드를 1/2분량씩 바른다.

②

감자 소를 올리고 나머지 식빵으로 덮는다.

💡 Tip

1. 감자를 찜기에서 찌거나 냄비에서 삶으려면? 찜기를 이용할 경우, 감자를 큼직하게 썬 후 김이 오른 찜기에 올려 뚜껑을 덮은 채 15~20분간 익힌다. 냄비를 이용할 경우, 감자를 통으로 넣고 잠길 정도의 물과 소금 약간을 넣은 후 뚜껑을 열고 센 불에서 끓여 끓어오르면 뚜껑을 덮고 중간 불로 줄여 25분간 삶는다.

2. 남은 감자 소로 그라탱 만들기 남은 감자 소에 생크림을 약간 넣고 섞은 뒤 기호에 따라 슈레드 피자 치즈를 얹어 200℃의 오븐에서 7~10분간 굽는다.

엘비스 샌드위치

로큰롤의 황제 엘비스 프레슬리 Elvis Presley가 좋아했다고 해서 엘비스 샌드위치라는 이름이 붙었답니다. 땅콩버터, 바나나, 베이컨의 조합이 생소하죠? 한번 맛을 보면 환상의 조합을 느낄 수 있을 거예요.

검은깨 두유 라떼 224쪽

chapter 1 간단하고 맛있는 **기본 샌드위치**

 15~20분
 1개분

- 호밀빵(또는 식빵) 2쪽
- 바나나 1개(작은 것, 100g)
- 베이컨 긴 것 2줄(24g)
- 후춧가루 약간

스프레드
- 땅콩버터 2큰술

1단계 스프레드 및 속재료 준비하기

01

바나나는 껍질을 벗기고 0.5cm 두께로 썬다.

02

달군 팬에 베이컨을 올리고 후춧가루를 뿌려 중간 불에서 2분간 뒤집어가며 바삭하게 굽는다.

03

구운 베이컨은 키친타월에 올려 기름기를 뺀다.

2단계: 샌드위치 완성하기

① 2장의 빵 한쪽 면에 땅콩버터를 1큰술씩 바른다.

② 베이컨을 올린다.

③ 바나나를 올린 후 나머지 빵으로 덮는다.

굽기 달군 팬에 샌드위치를 올려 중약 불에서 앞뒤로 1분씩 노릇하게 굽는다.

④ 완성!

☆ Tip

바나나 갈변을 방지하는 방법 바나나는 산소와 접촉하면 갈변 현상이 일어나기 때문에 이 샌드위치를 도시락으로 준비할 경우, 갈변이 되지 않도록 바나나에 레몬즙을 뿌려 사용하도록 한다. 단, 레몬즙만 뿌릴 경우 신맛이 강하므로 기호에 따라 레몬즙 1작은술에 올리고당 2작은술을 섞어 바나나에 코팅하듯이 바르면 좋다.

시금치 스크램블드에그 샌드위치

비타민과 철분이 풍부한 시금치에 부드럽게 스크램블한 달걀을
곁들인 간단한 샌드위치이지만 영양적으로 손색이 없죠.
바쁜 아침에 후다닥 만들어 먹거나 도시락으로 준비해도 좋답니다.

chapter 1 간단하고 맛있는 **기본 샌드위치**

15~20분
1개분

- ☐ 잉글리시 머핀(또는 베이글, 햄버거 빵) 1개
- ☐ 시금치 7장(10g, 또는 양상추 1장)
- ☐ 양파 1/20개(10g)
- ☐ 달걀 1개

- ☐ 우유 1큰술
- ☐ 파르미자노 치즈 4g (또는 파마산 치즈 가루 1/2큰술) ★ 재료 설명 19쪽
- ☐ 식용유(포도씨유 또는 카놀라유) 1작은술

핑크 마요 스프레드
- ☐ 마요네즈 1큰술
- ☐ 토마토케첩 1/2큰술
- ☐ 씨겨자(또는 머스터드) 1/2작은술
    ★ 재료 설명 27쪽

1단계: 스프레드 및 속재료 준비하기

01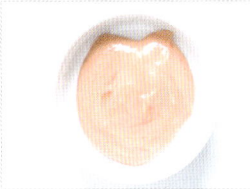
작은 볼에 스프레드 재료를 넣고 골고루 섞는다. 잉글리시 머핀은 반으로 가른다.

02
달군 팬에서 잉글리시 머핀을 올려 중약 불에서 앞뒤로 1분 30초씩 구워 한 김 식힌다.

03
시금치는 잎만 떼어내고 차가운 물에 씻은 후 체에 밭쳐 물기를 제거한다.

04
양파는 가늘게 채 썰어 찬물에 10분간 담갔다가 건져 물기를 제거한다. 파르미자노 치즈는 강판에 갈거나 칼로 잘게 다진다.

05
볼에 달걀, 우유, 파르미자노 치즈를 넣고 잘 푼다.

06
달군 팬에 식용유를 두르고 ⑤의 달걀물을 부어 약한 불에서 30초간 저어가며 스크램블드에그를 만든다.

2단계: 샌드위치 완성하기

①  잉글리시 머핀의 안쪽 면에 스프레드를 1/2분량씩 바른다.

②  시금치를 올린다.

③  스크램블드에그를 올린다.

④  양파를 올린 후 나머지 빵으로 덮는다.

완성!

☆ **Tip**
파르미자노 치즈 대신 슬라이스 치즈를 사용한다면? 스크램블드에그 재료를 준비할 때 치즈를 넣지 말고 만든다.
대신 스크램블드에그 위에 슬라이스 치즈를 올려 샌드위치를 완성하도록 한다.

햄치즈 샌드위치

햄과 치즈의 단순한 조합이지만
토마토소스로 만든 스프레드를 발라
깊은 맛을 더했답니다. 3단이 부담스러우면
2단으로 간단하게 만들어도 된답니다.

루콜라 프로슈토 샌드위치

재료들이 지닌 본연의 맛을 살린
샌드위치예요. 가볍게 즐길 만한
샌드위치를 원한다면 도전해보세요.
시원한 화이트 와인을 곁들이면 술안주용
샌드위치로도 손색이 없지요.

chapter 1 간단하고 맛있는 기본 샌드위치

햄치즈 샌드위치

⏰ 15~20분
🥕 1개분

- 식빵 3장
- 슬라이스 햄 2장(24g)
- 슬라이스 치즈(체다) 2장
- 양상추 2장(손바닥 크기, 30g)

머스터드 토마토 스프레드
- 토마토 스파게티 소스 3큰술
- 머스터드 1작은술

1단계: 스프레드 및 속재료 준비하기

01 냄비에 토마토 스파게티 소스를 넣고 중간 불에서 끓어오르면 약한 불로 줄인다. 양이 2/3가 되도록 2분간 졸인 뒤 불을 끄고 머스터드를 섞어 스프레드를 만든다.

02 양상추는 차가운 물에 씻은 후 물기를 제거하고 식빵의 크기에 맞게 손질한다.

2단계: 샌드위치 완성하기

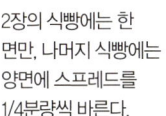

① 2장의 식빵에는 한 면만, 나머지 식빵에는 양면에 스프레드를 1/4분량씩 바른다.

② 슬라이스 햄을 올린다.

③ 슬라이스 치즈를 올린다.

④ 양상추를 올리고 양쪽에 스프레드를 바른 식빵을 올려 한 번 더 반복해 속재료를 올린 후 나머지 빵으로 덮는다.

완성!

루콜라 프로슈토 샌드위치

⏰ 15~20분
🥕 1개분

- 포카치아 1개(또는 두꺼운 식빵 2장)
- 프로슈토 2장(20g, 또는 슬라이스 햄 2장) ★ 재료 설명 17쪽
- 루콜라 6장(20g, 또는 양상추 1장) ★ 재료 설명 20쪽
- 파르미자노 치즈 8g(또는 파마산 치즈 가루 1큰술) ★ 재료 설명 19쪽
- 말린 크랜베리 1/2큰술(5g)
- 발사믹 글레이즈 1작은술 ★ 재료 설명 22쪽

스프레드
- 올리브유 2작은술

⭐ **Tip**
발사믹 글레이즈 만들기
냄비에 발사믹 식초 1/2컵(100ml)과 설탕 1큰술을 넣고 중간 불에서 저어가며 3분간 졸인다. 식었을 때 꿀 정도의 농도가 나도록 한다. 밀봉하여 냉장 보관하면 일 년간 보관 가능하다.

1단계: 스프레드 및 속재료 준비하기

01 포카치아를 반으로 가른다.

02 루콜라는 흐르는 물에 씻어 체에 밭쳐 물기를 빼고, 프로슈토는 손으로 찢는다.

03 파르미자노 치즈는 필러로 슬라이스하거나 칼로 얇게 저민다.

2단계: 샌드위치 완성하기

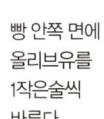

① 빵 안쪽 면에 올리브유를 1작은술씩 바른다.

② 프로슈토, 말린 크랜베리를 올린다.

③ 루콜라를 올린다.

④ 발사믹 글레이즈와 파르미자노 치즈를 올린 후 나머지 빵으로 덮는다.

완성!

053

연어 크림치즈 샌드위치

여성들에게 인기 만점인 연어 샌드위치. 저만의
연어 샌드위치 노하우를 공개합니다. 바로 다진 피클인
렐리시를 곁들이는 것이죠. 새콤달콤한 맛이
크림치즈, 연어와 더해져 뛰어난 풍미를 만들어낸답니다.

chapter 1 간단하고 맛있는 **기본 샌드위치**

- ⏰ 15~20분
- 🥕 1개분

- ☐ 베이글 1개
- ☐ 훈제 연어 슬라이스 3장(50g)
- ☐ 양파 1/10개(20g)
- ☐ 양상추 2장(손바닥 크기, 30g)

- ☐ 렐리시(또는 잘게 다진 피클) 1큰술 ★ 재료 설명 22쪽
- ☐ 레몬즙 2작은술
- ☐ 소금 약간

- ☐ 통후춧가루 1/3작은술 (또는 후춧가루 약간)

스프레드
- ☐ 크림치즈 4작은술

1단계 스프레드 및 속재료 준비하기

01

베이글은 반으로 가른다.
달군 팬에 베이글을 올리고 중간 불에서 앞뒤로 뒤집어가며 1분 30초씩 구워 한 김 식힌다.

02

훈제 연어에 레몬즙과 소금, 통후춧가루를 뿌려 밑간한다.
★ 훈제 연어는 제품마다 염도가 다르므로 맛을 본 후 소금으로 간한다.

03

양파는 가늘게 채 썰어 찬물에 10분간 담갔다가 체에 밭쳐 물기를 제거한다.

04

양상추는 차가운 물에 씻은 후 체에 밭쳐 물기를 제거하고 빵 크기에 맞게 손질한다.

2단계: 샌드위치 완성하기

❶ 베이글의 안쪽 면에 크림치즈를 2작은술씩 바른다.

❷ 렐리시를 1/2큰술씩 바른다.

❸ 양상추를 올린다.

❹ 훈제 연어를 올린다.

❺ 양파를 올린 후 나머지 빵으로 덮는다.

완성!

☆ Tip
다진 피클로 만든 잼, 렐리시(Relish) 잘게 다진 오이를 새콤달콤한 양념에 버무려 잼처럼 걸쭉하게 만든 것으로, 핫도그나 햄버거에 주로 곁들인다. 대형 마트나 백화점 수입 식품 코너, 인터넷 수입 식재료상에서 살 수 있다. 렐리시가 없다면 오이 피클의 물기를 짠 후 잘게 다져서 사용하면 된다.

BLTH 샌드위치

베이컨 Bacon, 양상추 Lettuce, 토마토 Tomato 가 들어간 BLT 샌드위치를 응용하여 만든 샌드위치예요. 여기에 햄 Ham 을 더해 좀 더 풍성하게 즐길 수 있도록 만들었지요. 매콤한 맛의 소스를 더해 더욱 깔끔하네요.

chapter 1 간단하고 맛있는 기본 샌드위치

⏰ 15~20분
🥕 1개분

- ☐ 길쭉한 빵 1개(또는 식빵 2장)
- ☐ 베이컨 긴 것 2줄(24g)
- ☐ 슬라이스 햄 2장(24g)
- ☐ 토마토 슬라이스 3개
- ☐ 로메인(또는 상추) 약 3~5장(50g)
- ☐ 블랙 올리브 2개(생략 가능)
- ☐ 소금 약간
- ☐ 후춧가루 약간

스파이시 마요 스프레드
- ☐ 마요네즈 1과 1/2큰술
- ☐ 스리랏차 칠리소스 (또는 타바스코, 핫소스) 1작은술 ★ 재료 설명 22쪽

1단계: 스프레드 및 속재료 준비하기

01
작은 볼에 스프레드 재료를 넣고 골고루 섞는다.

02
빵은 반으로 가른다. 달군 팬에 빵을 올리고 중약 불에서 앞뒤로 1분 30초씩 구워 한 김 식힌다.

03
토마토 슬라이스는 2등분해 키친타월에 올리고 소금을 뿌린 뒤 수분을 제거한다.

04
로메인은 흐르는 물에 씻은 후 체에 밭쳐 물기를 뺀다. 블랙 올리브는 3~4등분한다. 슬라이스 햄은 빵 크기에 맞춰 썬다.

05
달군 팬에 베이컨을 넣고 후춧가루를 뿌려 중간 불에서 2분간 뒤집어가며 바삭하게 구운 뒤 키친타월에 올려 기름기를 뺀다.

2단계: 샌드위치 완성하기

❶ 빵 안쪽 면에 스프레드를 1/2분량씩 바른다.

❷  로메인을 올린다.

❸  토마토를 올린다.

❹  베이컨을 올린다.

❺  슬라이스 햄, 블랙 올리브를 올린 후 나머지 빵으로 덮는다.

완성!

길거리 토스트

예전에 직장생활을 할 때, 출근길 발걸음을 멈추게 한 메뉴 중 하나가 길거리 토스트였어요. 부드러운 달걀부침에 달콤한 스프레드를 곁들이니 그 유혹을 뿌리치기 힘들 거예요. 이제 길거리 토스트를 아침 식사로 집에서 즐겨보세요.

chapter 1 간단하고 맛있는 **기본 샌드위치**

- ⏱ 20~25분
- 🥕 1개분

- ☐ 식빵 2장
- ☐ 달걀 2개
- ☐ 슬라이스 햄 1장(12g)
- ☐ 양배추 1/2장
   (손바닥 크기, 15g)
- ☐ 양파 1/10개(20g)
- ☐ 당근 1/10개(20g)
- ☐ 실온에 둔 버터 1큰술
- ☐ 식용유(포도씨유 또는
   카놀라유) 1큰술

스위트 핑크 마요 스프레드
- ☐ 마요네즈 1과 1/2큰술
- ☐ 토마토케첩 1/2큰술
- ☐ 설탕 1/2작은술

1단계 스프레드 및 속재료 준비하기

01

작은 볼에 스프레드 재료를 넣고 골고루 섞는다.

02

식빵의 각 면에 버터 1/4큰술씩 바른다. 달군 팬에 식빵을 올려 중약 불에서 앞뒤로 1분씩 구워 한 김 식힌다.

03

양배추, 양파, 당근, 슬라이스 햄은 잘게 다진다.

04

볼에 달걀을 풀고 ③의 재료들을 넣어 섞는다.

05

달군 팬에 식용유 1/2큰술을 두르고 달걀물 1/2 분량을 부어 식빵 크기가 되도록 중약 불에서 1분 30초간 구운 후 뒤집어 30초간 굽는다. 나머지 달걀물도 같은 방법으로 부친다.

2단계 샌드위치 완성하기

❶
2장의 식빵 한쪽 면에 스프레드를 1/2분량씩 바른다.

❷
달걀부침 1장을 올린다.

❸
달걀부침을 1장 더 올리고 나머지 빵으로 덮는다.

⭐ **Tip**
달걀부침의 속재료, 다양한 채소로 응용하기 양배추나 당근 대신 파프리카, 피망 등 아삭한 식감의 채소로 대체해도 좋다. 또는 양배추, 양파, 당근을 모두 준비하지 못했다면 한두 가지의 채소로 만들어도 된다.

볶은 양파 핫도그

미국 LA에서 살 때 어떤 골목을 지나가다가 맛있는 냄새에 이끌려 저도 모르게 사 먹었던 핫도그입니다. 그 맛있는 냄새의 주인공은 바로 볶은 양파였어요. 갈색이 되도록 볶은 양파는 단맛과 풍미가 좋아 소시지와 함께 빵에 곁들이면 훌륭한 메뉴가 되지요.

chapter 1 간단하고 맛있는 **기본 샌드위치**

- ⏱ 15~20분
- 🥖 1개분

- ☐ 치아바타(또는 핫도그 빵) 1개
- ☐ 프랑크 소시지 통통한 것 1개(70g)
- ☐ 양파 약 3/4개(160g)

- ☐ 식용유(포도씨유 또는 카놀라유) 2작은술
- ☐ 소금 1/6작은술
- ☐ 후춧가루 약간

- ☐ 토마토케첩 1작은술 (기호에 따라 가감)
- ☐ 핫소스 약간(생략 가능)

스프레드
- ☐ 실온에 둔 버터 1큰술

1단계 스프레드 및 속재료 준비하기

01
치아바타에 3/4정도 깊이의 칼집을 넣는다.

02
달군 그릴 팬(또는 팬)에 치아바타를 올려 중약 불에서 앞뒤로 뒤집어가며 1분간 구워 한 김 식힌다.

03
양파는 0.5cm 두께로 채 썬다.

04
프랑크 소시지는 0.5cm 간격으로 어슷하게 칼집을 낸다.

05
달군 팬에 식용유를 두른 뒤 양파를 넣고 소금, 후춧가루를 뿌린다. 중약 불에서 6~7분간 갈색이 되도록 볶는다.

06
달군 팬에 소시지를 올리고 중간 불에서 3분간 굴려가며 굽는다.

2단계 샌드위치 완성하기

①  치아바타 안쪽 면에 버터를 바른다.

②  프랑크 소시지를 올린다.

③  볶은 양파를 올린다.

④  기호에 따라 토마토케첩과 핫소스를 뿌린다.

완성!

☆ Tip
더욱 진한 풍미와 쫄깃한 식감의 핫도그 만들기 특유의 향과 쫄깃한 식감이 있는 표고버섯을 추가해 색다르게 만들어보자. 생표고버섯 2개를 밑동을 떼고 0.5cm 두께로 썬 후 양파와 함께 볶아 핫도그에 넣으면 진한 버섯 향과 쫄깃한 식감이 더해져 한층 더 풍성하게 즐길 수 있다.

chapter 2
차갑게 먹어도 맛있는
콜드 샌드위치

샌드위치를 만드는 가장 대표적인 순간이 바로 도시락을 준비해야 할 때지요. 가족이나 친구들과 나들이를 갈 때, 유치원이나 학교에 가져갈 아이 간식 도시락을 준비할 때, 회사에서 먹을 점심 도시락을 쌀 때도 샌드위치를 만드는 경우가 많습니다. 이때는 차갑게 먹어도 맛있는 샌드위치를 만들어야 합니다. 특히 보관해두었다가 먹어야 하니 빵에 스프레드를 꼼꼼히 발라 속재료의 수분이 빵에 흡수되는 것을 막아야 하고, 속재료도 수분이 너무 많거나 쉽게 상하는 것들은 피해야 합니다. 또한 샌드위치를 꼼꼼히 포장해서 빵의 겉면이 말라 퍽퍽해지지 않도록 해야겠지요. 이러한 조건들을 모두 갖춘, 차갑게 먹어도 맛있는 지은경표 샌드위치들을 골라서 소개합니다.

★ 샌드위치 포장법은 32쪽을 참고하세요.

카프레제 샌드위치

프레시 모짜렐라 치즈와 토마토에 바질을 곁들인 샐러드로
유명한 카프레제Caprese를 샌드위치로 응용했습니다.
신선한 샐러드의 맛을 그대로 즐길 수 있지요.

비트 샌드위치

화려한 색깔의 비트는 익히면 단맛이
살아납니다. 담백하면서도 시큼한 향이 나는
사워 도우에 짭조름한 염소 치즈,
은은한 단맛의 비트가 어우러진 새로운 맛의
샌드위치에 도전해보세요.

카프레제 샌드위치

⏲ 15~20분
🥕 1개분

- 치아바타 1개
  (또는 두꺼운 식빵 2장)
- 프레시 모짜렐라 치즈
  1/2개(65g) ★ 재료 설명 19쪽
- 토마토 슬라이스 2개
- 로메인(또는 상추) 1~2장(20g)
- 소금 1/6작은술

스프레드
- 바질 페스토 4작은술
  ★ 재료 설명 26쪽

✨ **Tip**

바질 페스토가 없다면?
올리브유 1큰술, 발사믹 식초 1작은술, 소금 1/6작은술을 섞은 후 바질 페스토 대신 스프레드로 발라도 잘 어울린다.

1단계 스프레드 및 속재료 준비하기

01 치아바타는 반으로 가른다.
로메인은 차가운 물에 씻은 후 체에 밭쳐 물기를 뺀다.

02 프레시 모짜렐라 치즈는 0.7cm 두께로 썬다. 치즈와 토마토 슬라이스를 키친타월에 올리고 소금을 뿌려 5분간 둔 후 수분을 제거한다.

2단계: 샌드위치 완성하기

① 치아바타의 안쪽 면에 바질 페스토를 2작은술씩 바른다.
② 로메인을 올린다.
③ 토마토를 올린다.
④ 프레시 모짜렐라 치즈를 올린 후 나머지 빵으로 덮는다.

비트 샌드위치

⏲ 15~20분
🥕 1개분

- 사워 도우(또는 바게트) 2쪽
  ★ 재료 설명 16쪽
- 비트 3/4개(120g)
- 로메인(또는 상추) 1~2장(20g)
- 루콜라 5~6장(7g, 또는 상추 1장)
  ★ 재료 설명 20쪽
- 올리브유 1/6작은술
- 소금 약간
- 후춧가루 약간

스프레드
- 염소 치즈(또는
  크림치즈) 1큰술
  ★ 재료 설명 18쪽

✨ **Tip**

채소는 로메인이나 루콜라 중 한 가지만 선택해 두 재료를 합친 분량으로 넣어도 된다.

1단계 스프레드 및 속재료 준비하기

01 달군 그릴 팬에 사워 도우를 올려 중약 불에서 앞뒤로 1분씩 구워 한 김 식힌다.

02 비트는 3~4등분한 후 내열 용기에 물 1/4컵과 함께 담고 비닐 랩을 씌워 전자레인지(700W)에서 8분간 익힌다.

03 로메인, 루콜라는 차가운 물에 씻은 후 체에 밭쳐 물기를 뺀다. 익힌 비트는 1cm 두께로 썬 후 올리브유, 소금, 후춧가루를 뿌려 버무린다.

2단계: 샌드위치 완성하기

① 2장의 빵 한쪽 면에 염소 치즈를 1/2큰술씩 바른다.
② 로메인을 올린다.
③ 비트를 올린다.
④ 루콜라를 올린 후 나머지 빵으로 덮는다.

모닝 샌드위치

한 햄버거 전문점의 인기 있는 아침 메뉴를 업그레이드하여 개발했습니다. 슬라이스 햄 대신 볶은 소시지를 넣어 씹는 재미를 주었지요. 간단한 채소 요리를 곁들이면 아침이 더욱 든든하겠죠?

그린빈 마늘볶음 196쪽

chapter 2 차갑게 먹어도 맛있는 콜드 샌드위치

- 15~20분
- 1개분

- ☐ 잉글리시 머핀
  (또는 베이글) 1개
- ☐ 프랑크 소시지 1개(32g, 또는 슬라이스 햄이나 베이컨 2장)
- ☐ 달걀 1개

- ☐ 슬라이스 치즈
  (훈제 치즈 또는 체다 치즈) 1장
- ☐ 식용유(포도씨유 또는 카놀라유) 1작은술
- ☐ 후춧가루 약간

양파 핑크 마요 스프레드
- ☐ 다진 양파 2작은술
- ☐ 마요네즈 2작은술
- ☐ 토마토케첩 2작은술

1단계: 스프레드 및 속재료 준비하기

01
작은 볼에 스프레드 재료를 넣고 골고루 섞는다.
잉글리시 머핀은 반으로 가른다.

02
달군 팬에 잉글리시 머핀을 올려 중약 불에서 앞뒤로 1분 30초씩 구워 한 김 식힌다.

03
프랑크 소시지는 0.5cm 두께로 어슷 썬다.

04
달군 팬에 식용유를 두르고 달걀을 깨뜨려 올려 중약 불에서 1분 30초, 뒤집어 30초간 익힌 뒤 덜어낸다.

05
④의 팬에 프랑크 소시지를 올린 뒤 후춧가루를 뿌려 중간 불에서 1분 30초간 볶는다.

2단계: 샌드위치 완성하기

❶
잉글리시 머핀의 안쪽 면에 스프레드를 1/2분량씩 바른다.

❷
슬라이스 치즈를 올린다.

❸
달걀프라이를 올린다.

❹
소시지를 올린 후 나머지 빵으로 덮는다.

 완성!

☆ Tip
담백한 맛의 빵, 잉글리시 머핀(English muffin) 영국에서 아침 식사로 먹는 달지 않은 납작한 빵으로 식감이 쫄깃하고 촉촉한 것이 특징. 주로 오믈렛, 햄 등을 곁들여 샌드위치로 만들어 먹는다.

돼지고기 반미 샌드위치

프랑스의 지배를 받았던 베트남에서는 그 영향으로 프랑스의 바게트와 닮은, 쌀로 만든 빵 '반미'를 이용해 샌드위치를 만듭니다. 빵의 이름 그대로 샌드위치 역시 반미라고 불리고요. 이번 책에서는 구하기 쉬운 바게트에 새콤하게 절인 채소와 매콤한 청양고추, 달콤한 양념에 버무린 돼지고기를 넣어 풍성하게 만들었습니다. 베트남의 맛을 제대로 느끼고 싶다면 고수를 듬뿍 넣어 즐겨보세요.

chapter 2 차갑게 먹어도 맛있는 콜드 샌드위치

- ⏲ 20~25분
- 🥕 1개분

- ☐ 바게트 15cm 길이 1토막
- ☐ 돼지고기 등심 85g
- ☐ 무 지름 10cm, 두께 1cm 1/3토막(30g)
- ☐ 채 썬 당근 1/10개분(20g)
- ☐ 오이 1/4개(50g)
- ☐ 청양고추 1개(생략 가능)

- ☐ 고수 3~4줄기(생략 가능)
  ★ 재료 설명 21쪽
- ☐ 소금 약간
- ☐ 후춧가루 약간
- ☐ 식용유(포도씨유 또는 카놀라유) 2작은술

무·당근 절임 양념
- ☐ 설탕 1작은술
- ☐ 소금 1작은술
- ☐ 식초 1작은술

호이신 칠리 스프레드
- ☐ 호이신 소스(또는 바비큐 소스) 2큰술 ★ 재료 설명 27쪽

- ☐ 스위트 칠리소스 1큰술
  (또는 토마토케첩 2작은술 + 올리고당 1작은술)
  ★ 재료 설명 22쪽
- ☐ 마요네즈 1큰술

1단계: 스프레드 및 속재료 준비하기

01

바게트는 3/4 정도 깊이로 칼집을 넣는다. 무와 당근은 5~6cm 길이로 가늘게 채 썬 뒤 절임 양념에 5분간 재워 물기를 제거한다.
★ 무와 당근은 한 가지만 선택해 재료를 합친 중량으로 사용해도 된다.

02

오이는 껍질을 벗겨 1×6cm 크기, 0.4cm 두께로 썰고, 청양고추는 어슷 썬다. 기호에 따라 고수를 준비한다.

03

돼지고기 등심을 3cm 폭으로 썰고 칼등으로 고루 두드려 얇게 편 뒤 소금, 후춧가루를 약간씩 뿌린다.

04

달군 팬에 식용유를 두르고 돼지고기를 올려 중약 불에서 3분~3분 30초간 뒤집어가며 굽는다. ★ 고기의 두께에 따라 굽는 시간을 가감한다.

05

볼에 스프레드 재료를 넣고 골고루 섞는다. 구운 돼지고기에 스프레드 1/2분량을 넣고 버무린다.

2단계: 샌드위치 완성하기

❶  바게트 안쪽 면에 남은 스프레드를 1/2분량씩 바른다.

❷  돼지고기를 올린다.

❸  오이와 고추를 올린다.

❹  무와 당근 절임을 올린다.

❺  고수를 올린 뒤 빵을 접는다.

☆ **Tip**
스위트 칠리소스가 없다면? 스위트 칠리소스는 동남아시아 음식에 주로 곁들이는 소스로 월남쌈이나 춘권을 찍어 먹는 매콤 달콤한 소스이다. 스위트 칠리소스가 없다면 토마토케첩 2작은술 + 올리고당 1작은술을 섞어 사용한다.

바비큐 치킨 샌드위치

피크닉용으로 딱 좋은 샌드위치를 소개합니다. 간단하지만 맛도 좋고 무엇보다 든든해서 도시락용으로 딱이지요. 조금 멀리 소풍을 떠난다면 코울슬로는 따로 담아 사이드 샐러드로 곁들여도 좋습니다.

chapter 2 차갑게 먹어도 맛있는 콜드 샌드위치

🕐 20~25분
🥕 1개분

- ☐ 햄버거 빵 1개
- ☐ 닭안심 3쪽(75g)
- ☐ 겨자 잎(또는 양상추) 2~3장(13g)
- ☐ 바비큐 소스 2큰술(또는 토마토케첩 1큰술 + 양조간장 2작은술 + 설탕 2작은술)

- ☐ 식용유(포도씨유 또는 카놀라유) 2작은술
- ☐ 소금 약간
- ☐ 후춧가루 약간

코울슬로
- ☐ 적양배추 1장(손바닥 크기, 30g)

- ☐ 양파 약 1/7개(30g)
- ☐ 마요네즈 1큰술
- ☐ 소금 1/4작은술
- ☐ 후춧가루 약간

스프레드
- ☐ 마요네즈 4작은술

1단계: 스프레드 및 속재료 준비하기

01
적양배추와 양파는 가늘게 채 썬 뒤 볼에 담고 소금(1/4작은술)을 뿌려 5분간 재운 후 체에 밭쳐 물기를 뺀다. 마요네즈, 후춧가루를 넣고 버무려 코울슬로를 만든다.

02
달군 팬에 햄버거 빵의 안쪽 면이 바닥에 닿도록 올려 중약 불에서 1분 30초간 구워 한 김 식힌다.

03
겨자 잎은 차가운 물에 씻은 후 체에 밭쳐 물기를 제거한다.

04
달군 팬에 식용유를 두르고 닭안심을 올린 후 소금, 후춧가루를 뿌려 중약 불에서 뒤집어가며 3분간 노릇하게 굽는다. ★ 닭안심의 두께에 따라 굽는 시간을 가감한다.

05
닭안심을 한 김 식힌 후 손으로 잘게 찢는다.

06
달군 냄비나 팬에 닭안심, 바비큐 소스를 넣고 중간 불에서 2분간 볶아 바비큐 치킨을 완성한다.

2단계: 샌드위치 완성하기

①  햄버거 빵의 안쪽 면에 마요네즈를 2작은술씩 바른다.

②  겨자 잎을 올린다.

③  코울슬로를 올린다.

④ 

 바비큐 치킨을 올린 후 나머지 빵으로 덮는다.

완성!

⭐ Tip
1. **코울슬로 사이드 샐러드로 즐기기** 코울슬로 양을 넉넉히 만들어 샌드위치와 함께 사이드 샐러드로 즐겨도 좋다.
2. **닭안심 대신 돼지고기 안심 넣기** 닭안심 대신 돼지고기 안심을 이용해도 잘 어울린다. 돼지고기 안심을 얇게 저며 달군 팬에 식용유를 두르고 돼지고기를 올린 후 소금, 후춧가루를 뿌려 중약 불에서 3분간 구운 다음 잘게 썰어 소스를 넣고 버무린다.

프리타타 206쪽

살라미 샌드위치

살라미는 이탈리아 소시지로 향신료가 많이 들어가고 짭조름한 편이지만 그만큼 풍미가 좋지요. 살라미 샌드위치는 담백한 빵에 아삭한 채소, 토마토만 넣어 살라미의 맛을 제대로 즐길 수 있는 메뉴예요. 기호에 따라 살라미의 양을 조절해서 즐겨보세요.

chapter 2 차갑게 먹어도 맛있는 콜드 샌드위치

- 10~15분
- 1개분

- ☐ 치아바타 1개
  (또는 두꺼운 식빵 2장)
- ☐ 슬라이스 살라미 4~5장
  (40g, 또는 슬라이스 햄 3장)
  ★ 재료 설명 17쪽
- ☐ 토마토 슬라이스 2개
- ☐ 양상추 2장
  (손바닥 크기, 30g)
- ☐ 로메인(또는 상추)
  3~4장(40g)
- ☐ 소금 1/4작은술

마요 머스터드 스프레드
- ☐ 마요네즈 1큰술
- ☐ 머스터드 1큰술
- ☐ 설탕 1/2작은술

1단계 스프레드 및 속재료 준비하기

01 작은 볼에 스프레드 재료를 넣어 골고루 섞는다.

02 치아바타 중간에 3/4 정도 칼집을 넣는다.

03 토마토 슬라이스는 키친타월에 올리고 소금을 뿌린 뒤 수분을 제거한다.

04 양상추와 로메인은 차가운 물에 씻은 후 체에 밭쳐 물기를 빼고 빵의 크기에 맞게 손질한다.

2단계: 샌드위치 완성하기

❶ 치아바타의 안쪽 면에 스프레드를 1/2분량씩 바른다.

❷ 양상추를 올린다.

❸ 로메인을 올린다.

❹ 토마토를 올린다.

❺ 살라미를 올린 후 빵을 접는다.

완성!

☆ Tip

이탈리아식 건조 소시지, 살라미(Salami) 소금, 향신료 등으로 맛을 낸 다진 고기를 길쭉한 망에 넣어 매달아 말리면서 숙성시킨 햄이다. 얇게 썬 것이나 소시지처럼 길쭉한 것으로 판매한다. 첨가한 향신료에 따라 다양한 맛이 있다. 대형 마트 식품 코너나 백화점 수입 식품 코너에서 구입할 수 있다. 남는 살라미는 한입 크기로 썰어 와인 안주로 내거나 피자나 파스타를 만들 때 넣으면 좋다. 보관할 때는 비닐 랩으로 꼼꼼히 싼 후 지퍼백에 넣어 밀봉하여 냉장실에서 보관한다.

구운 가지 샌드위치

가지와 토마토소스의 궁합을 좋아해서 파스타나 샐러드로 종종 즐기곤 하는데요, 샌드위치로도 만들어봤습니다. 살짝 조린 토마토소스를 바른 빵 위에 구운 가지와 양파를 올리니 역시 맛이 잘 어우러지네요.

매콤한 버섯 샌드위치

자극적인 맛을 좋아하는 분들을 위한 샌드위치를 소개합니다. 향이 좋은 버섯에 새콤한 발사믹 식초와 매콤한 크러시드 페퍼를 넣고 볶아 샌드위치를 만들었지요. 아이와 함께 즐길 땐 크러시드 페퍼를 빼고 만드세요.

구운 가지 샌드위치

⏱ 15~20분
🥕 1개분

- 포카치아 1개(또는 두꺼운 식빵 2장)
  ★ 재료 설명 15쪽
- 어슷 썬 가지 7cm 두께 2개(40g)
- 양파링 슬라이스 1/4개분(50g)
- 슬라이스 치즈
  (고다 또는 체다) 1장
- 식용유(포도씨유 또는
  카놀라유) 2작은술
- 소금 약간
- 후춧가루 약간

마늘 토마토 스프레드
- 토마토 스파게티 소스 3큰술
- 다진 마늘 1작은술
- 올리브유 1작은술

1단계: 스프레드 및 속재료 준비하기

01 작은 냄비를 달군 후 올리브유를 두르고 다진 마늘을 넣어 약한 불에서 30초간 볶는다. 토마토 스파게티 소스를 넣고 양이 2/3 분량으로 줄도록 중간 불에서 2분간 저어가며 졸여 한 김 식힌다.

02 포카치아는 반으로 가른다. 가지는 어슷 썰고, 양파는 링으로 썬다.

03 달군 팬에 식용유를 두른 뒤 가지와 양파를 올리고 소금, 후춧가루를 뿌려 중간 불에서 뒤집어가며 2분 30초간 굽는다.

2단계: 샌드위치 완성하기

① 포카치아의 안쪽 면에 스프레드를 1/2분량씩 바른다.
② 슬라이스 치즈를 올린다.
③ 구운 가지를 올린다.
④ 구운 양파를 올린 후 나머지 빵으로 덮는다.

매콤한 버섯 샌드위치

⏱ 15~20분
🥕 1개분

- 호밀빵(또는 식빵) 2쪽
- 양송이버섯 3개(60g)
- 표고버섯 1개(25g)
- 양파 1/5개(40g)
- 브리 치즈(또는 카망베르 치즈)
  1/2개(50g) ★ 재료 설명 18쪽
- 로메인(또는 상추) 3~5장(50g)
- 발사믹 식초 1큰술
  ★ 재료 설명 22쪽
- 크러시드 페퍼
  1/3작은술(또는 다진
  청양고추 1/2개분)
  ★ 재료 설명 22쪽
- 식용유(포도씨유 또는
  카놀라유) 1큰술
- 소금 1/6작은술

스프레드
- 실온에 둔 버터 1큰술

1단계: 스프레드 및 속재료 준비하기

01 달군 그릴 팬(또는 팬)에 호밀빵을 올려 중간 불에서 앞뒤로 1분씩 구워 한 김 식힌다.

02 버섯은 모양대로 썰고, 양파는 채 썬다. 브리 치즈는 납작하게 썬다. 로메인은 차가운 물에 씻은 후 물기를 뺀다.
★ 양송이버섯과 표고버섯 중 한 가지만 사용하거나 다른 버섯으로 대체해도 된다.

03 달군 팬에 식용유를 두르고 버섯과 양파를 올려 소금을 뿌린 후 중강 불에서 4분간 볶는다.

04 ③에 발사믹 식초와 크러시드 페퍼를 넣고 중간 불에서 20초간 볶는다.

2단계: 샌드위치 완성하기

① 2장의 호밀빵 한쪽 면에 버터를 1/2큰술씩 바른다.
② 로메인을 올린다.
③ 볶은 버섯과 양파를 올린다.
④ 브리 치즈를 올린 후 나머지 빵으로 덮는다.

페스토 쇠고기 샌드위치

페스토는 바질, 마늘, 잣, 올리브유, 파르미자노 치즈 등을 함께 갈아 만든 소스예요.
이 소스 하나만으로도 산뜻한 맛을 내는 스프레드가 되지만 토마토소스에 섞어 맛과 풍미를 더했지요.
구운 쇠고기와 양파를 곁들이니 고급스러운 맛을 내는 샌드위치가 되었답니다.

chapter 2 차갑게 먹어도 맛있는 **콜드 샌드위치**

- ⏱ 15~20분
- 🍴 2개분

- ☐ 바게트 5cm 길이 2개
- ☐ 쇠고기 등심 50g
- ☐ 양파 약 1/7개(30g)
- ☐ 토마토 슬라이스 1개
- ☐ 로메인(또는 상추) 1~2장(20g)

- ☐ 식용유(포도씨유 또는 카놀라유) 2작은술
- ☐ 소금 약간
- ☐ 후춧가루 약간

페스토 토마토 스프레드
- ☐ 토마토 스파게티 소스 3큰술
- ☐ 바질 페스토 2작은술
  ★ 재료 설명 26쪽

1단계: 스프레드 및 속재료 준비하기

01

작은 냄비에 토마토 스파게티 소스를 넣고 중간 불에서 양이 2/3 정도로 줄도록 2분간 졸인 후 불을 끄고 바질 페스토를 섞어 스프레드를 완성한다.

02

바게트에 3/4 정도로 칼집을 낸다. 양파는 채 썰고, 토마토 슬라이스는 2등분한 후 키친타월에 올리고 소금을 뿌린 뒤 수분을 제거한다. 로메인은 빵 크기에 맞춰 썬다.

03

쇠고기는 빵 크기에 맞춰 먹기 좋은 크기로 썬다.

04

달군 팬에 식용유를 두르고 쇠고기를 올려 소금, 후춧가루를 뿌린다. 중약 불에서 2분간 앞뒤로 뒤집어가며 구운 후 덜어둔다. ★ 기호에 따라 고기 익히는 정도를 조절한다.

05

고기의 육즙이 나온 ④의 팬에 양파를 올려 소금, 후춧가루를 뿌리고 중간 불에서 1분 30초간 노릇하게 볶는다.

2단계: 샌드위치 완성하기

❶  바게트의 칼집 안쪽 면에 스프레드 1/2 분량을 바른다.

❷  로메인을 올린다.

❸  쇠고기를 올린다.

❹  토마토를 올린다.

❺  볶은 양파를 올린 후 바게트를 접는다. 같은 방법으로 1개 더 만든다.

완성!

⭐ **Tip**
쇠고기 대신 닭가슴살 또는 새우살 넣기 닭가슴살로 대체할 때는 닭가슴살 1/2개(50g)를 3등분으로 얇게 저며 소금, 후춧가루로 밑간한 후 달군 팬에 식용유 2작은술을 두르고 중약 불에서 뒤집어가며 3분간 구워 넣는다. 새우로 대체할 때는 냉동 생새우살(6마리, 90g)을 찬물에 담가 해동한 후 물기를 빼고 달군 팬에 식용유 2작은술을 두르고 올려 소금, 후춧가루를 뿌려서 중약 불에서 2분간 익힌다.

카레 향 닭안심 샌드위치

닭가슴살 샌드위치는 웬만한 샌드위치 전문점에 꼭 있는 인기 있는 메뉴지요.
닭가슴살 대신 닭안심을 이용해 좀 더 부드러운 샌드위치를 만들었답니다.
중간중간에 들어 있는 아몬드 슬라이스와 말린 크랜베리가 씹는 재미를 더한답니다.

복숭아 라씨 226쪽

chapter 2 차갑게 먹어도 맛있는 콜드 샌드위치

⏱ 20~25분
🍽 1개분

- 호밀빵(또는 식빵) 2쪽
- 닭안심 3쪽(75g)
- 양상추 2장(손바닥 크기, 30g)
- 말린 크랜베리(또는 건포도) 1큰술(10g)
- 아몬드 슬라이스 1큰술(5g)
- 식용유(포도씨유 또는 카놀라유) 1작은술
- 소금 1/6작은술
- 후춧가루 약간

커리 마요 스프레드
- 마요네즈 1과 1/2큰술
- 꿀 1/2큰술
- 커리 파우더(또는 일반 카레가루) 1/2작은술
  ★ 재료 설명 22쪽
- 소금 1/6작은술
- 레몬즙 1/2작은술

1단계: 스프레드 및 속재료 준비하기

01

작은 볼에 스프레드 재료를 넣어 골고루 섞는다.

02

양상추를 차가운 물에 씻은 후 체에 밭쳐 물기를 제거하고 빵의 크기에 맞게 손질한다.

03

달군 그릴 팬(또는 팬)에 호밀빵을 올려 중간 불에서 앞뒤로 1분씩 구워 한 김 식힌다.

04

달군 팬에 식용유를 두르고 닭안심을 올린 후 소금, 후춧가루를 뿌려 중약 불에서 뒤집어가며 4분간 노릇하게 굽는다. ★ 닭안심의 두께에 따라 굽는 시간을 가감한다.

05

닭안심을 한 김 식힌 후 손으로 잘게 찢는다.

06

볼에 닭안심, 말린 크랜베리, 아몬드 슬라이스를 넣는다. 빵에 바를 스프레드(2큰술)를 덜어두고 나머지를 섞어 닭안심 소를 만든다.

2단계: 샌드위치 완성하기

❶ 2장의 빵 한쪽 면에 스프레드를 1큰술씩 바른다.

❷ 양상추를 올린다.

❸ 닭안심 소를 올린 후 나머지 빵으로 덮는다.

완성!

☆ Tip

진한 향신료의 풍미를 느낄 수 있는, 커리 파우더(Curry powder) 커리 파우더는 인도의 가정에서 필요할 때마다 만들어 사용하는 향신료를 일반인이 사용하기 쉽게 만들어놓은 것으로 사프란, 파프리카, 고추, 후춧가루, 생강, 겨자, 시나몬, 넛맥 등 갖가지 향신료가 배합되어 있다. 대형 마트나 백화점 수입 식품 코너, 온라인 수입 식재료상에서 판매하는데, 구하기 어렵다면 일반 카레가루로 대체해도 된다. 단, 강황 함량이 많을수록 풍미가 진하니 강황이 많이 들어 있는 것으로 구입해 이국적인 맛을 즐겨보자.

연어 패티 샌드위치

기름진 햄버거가 지겨워진 분들에게
추천하고픈 메뉴예요. 고기 대신 연어를
이용해 패티를 만들어 샌드위치로
즐겨보세요. 아삭하게 씹히는 양파와 오이가
끝맛을 깔끔하게 해준답니다. 차갑게 해서
먹어도 비리지 않아서 더욱 좋아요.

chapter 2 차갑게 먹어도 맛있는 콜드 샌드위치

- 20~25분
- 1개분

- ☐ 햄버거 빵 1개
- ☐ 훈제 연어 슬라이스 6~7장(135g)
- ☐ 대파 약 7cm(15g)
- ☐ 적양파링 슬라이스(또는 양파) 1/8개분(25g)

- ☐ 오이 슬라이스 6개 (1/4개분, 50g)
- ☐ 로메인(또는 상추) 1~2장(20g)
- ☐ 레몬즙 1/2작은술
- ☐ 소금 약간

- ☐ 후춧가루 약간
- ☐ 식용유(포도씨유 또는 카놀라유) 2작은술

마요 머스터드 스프레드
- ☐ 마요네즈 1큰술
- ☐ 머스터드 1큰술
- ☐ 설탕 1/2작은술

1단계: 스프레드 및 속재료 준비하기

01
작은 볼에 스프레드 재료를 넣고 골고루 섞는다.

02
달군 팬에 햄버거 빵 안쪽 면이 바닥에 닿도록 올려 중약 불에서 1분 30초간 구워 한 김 식힌다.

03
적양파는 가늘게 링으로 썰어 찬물에 10분간 담갔다가 건져 물기를 제거하고, 오이는 필러를 이용해 얇게 슬라이스한다.

04
훈제 연어 슬라이스와 대파는 잘게 다진다. 로메인은 차가운 물에 씻은 후 물기를 제거한다.

05
볼에 훈제 연어, 다진 파, 레몬즙, 소금, 후춧가루를 넣고 버무려 치댄 후 빵보다 조금 더 크고 둥글넓적한 모양으로 패티를 만든다.

06
달군 팬에 식용유를 두르고 연어 패티를 올려 중약 불에서 2분간 구운 후 뒤집어서 1분 30초간 더 굽는다.

2단계: 샌드위치 완성하기

①
햄버거 빵의 안쪽 면에 스프레드를 1/2분량씩 바른다.

②
로메인을 올린다.

③
연어 패티를 올린다.

④
오이를 올린다.

⑤
양파를 올린 후 나머지 빵으로 덮는다.

 완성!

☆ Tip
연어 패티를 빵보다 조금 크게 만드는 이유는? 패티는 구우면 연어의 단백질이 수축하면서 크기가 작아지고 두께가 두꺼워진다. 그러므로 패티를 빚을 때는 빵보다 지름 1cm 정도 더 크게 만들어야 구운 뒤 빵과 비슷한 크기로 완성된다.

오이 새우 샌드위치

탱글탱글한 새우살을 넉넉히 넣어 만든 샌드위치예요. 아삭한 오이를 듬뿍 넣어 깔끔하죠. 만드는 방법도 간단하니 출출한 아이를 위한 간식으로 후다닥 만들기 좋답니다.

아보카도 토마토 샌드위치

한 끼로 가볍게 즐길 수 있는 샌드위치를 찾는 분들에게 추천하는 메뉴예요. 아보카도, 토마토, 달걀을 넣어 모든 영양소가 골고루 들어간 샌드위치랍니다.

오이 새우 샌드위치

⏰ 15~20분
🥕 1개분

- □ 크루아상 1개
- □ 냉동 생새우살 10개(120g)
- □ 오이 슬라이스 3~4개
  (약 1/7개, 30g)

허니 머스터드 스프레드
- □ 마요네즈 2큰술
- □ 머스터드 1/2큰술
- □ 레몬즙 1작은술
- □ 꿀 1작은술

⭐ **Tip**
새우살에 칼집 넣기
새우살의 등 쪽에 깊게 칼집을 넣으면 데치면서 살이 갈라져 소스도 잘 배고 식감도 좋아진다.

1단계 스프레드 및 속재료 준비하기

01 스프레드 재료를 골고루 섞는다. 크루아상에 3/4 정도 칼집을 넣는다. 냉동 생새우살은 옅은 소금물(물 2컵 + 소금 1/2작은술)에 10분간 담가 해동한 후 흐르는 물에 헹군다.

02 끓는 물(3컵)에 새우를 넣어 1분간 익힌다. 찬물에 담가 식힌 후 체에 밭쳐 물기를 뺀다.

03 빵에 바를 스프레드(2큰술)를 덜어두고 볼에 나머지 스프레드와 새우를 넣어 버무려 새우살 소를 만든다. 오이는 필러로 얇게 슬라이스한다.

2단계: 샌드위치 완성하기

1. 크루아상 안쪽 면에 스프레드를 바른다.
2. 오이를 올린다.
3. 새우살 소를 올린 후 빵을 접는다.

완성!

아보카도 토마토 샌드위치

⏰ 20~25분
🥕 1개분

- □ 베이글 1개
- □ 달걀 1개
- □ 아보카도 1/4개(40g)
- □ 토마토 슬라이스 3개
- □ 레몬즙 1작은술
- □ 소금 약간

양파 크림치즈 스프레드
- □ 크림치즈 2큰술
- □ 다진 양파 2작은술

⭐ **Tip**
아보카도가 너무 익었다면?
아보카도 1개를 볼에 담고 으깬 후 다진 양파 1/10개분(20g), 레몬즙 1큰술, 핫소스 1/2큰술, 소금 1/3작은술, 후춧가루 약간을 넣고 섞어 스프레드로 이용하면 좋다.

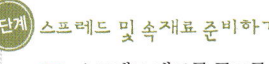

1단계 스프레드 및 속재료 준비하기

01 스프레드 재료를 골고루 섞는다. 베이글은 반으로 가른다.

02 달군 팬에 베이글을 올리고 중간 불에서 앞뒤로 뒤집어가며 1분 30초간 굽는다.

03 작은 냄비에 달걀과 달걀이 잠길 정도의 물을 붓는다. 센 불에 올려 끓어오르면 불을 끄고 뚜껑을 덮어 12분간 둔다.

04 토마토 슬라이스는 키친타월에 올려 소금을 뿌린 뒤 수분을 제거한다. 아보카도는 껍질을 벗긴 후 0.7cm 두께로 썰어 레몬즙을 뿌려둔다. 삶은 달걀은 모양대로 4등분한다.
★ 아보카도 손질하기 35쪽 참고

2단계: 샌드위치 완성하기

1. 베이글의 안쪽 면에 스프레드를 1/2분량씩 바른다.
2. 아보카도를 올린다.
3. 토마토를 올린다.
4. 달걀을 올린 후 나머지 빵으로 덮는다.

완성!

멕시칸 새우 샌드위치

탱글탱글한 새우살을 칠리 파우더에 볶아 아보카도와 곁들였습니다. 빵 대신 또띠아에 말았는데요, 치아바타와 같은 부드러운 빵과도 잘 어울린답니다.

chapter 2 차갑게 먹어도 맛있는 콜드 샌드위치

 20~25분
1개분

- ☐ 또띠야(8인치) 1장
- ☐ 냉동 생새우살 8마리(100g)
- ☐ 슬라이스 치즈(체다) 1장
- ☐ 적양파링 슬라이스(또는 양파) 1/20개분(10g)
- ☐ 토마토 슬라이스 2개
- ☐ 로메인(또는 상추) 1~2장(10g)

- ☐ 칠리 파우더 1/2작은술(또는 고운 고춧가루, 생략 가능)
  ★ 재료 설명 22쪽
- ☐ 소금 약간
- ☐ 식용유(포도씨유 또는 카놀라유) 2작은술

- ☐ 고수 2~3줄기(생략 가능)
  ★ 재료 설명 21쪽
- ☐ 사워크림 3큰술(또는 떠먹는 플레인 요구르트 2큰술 + 다진 양파 2작은술)
  ★ 재료 설명 23쪽

아보카도 스프레드
- ☐ 아보카도 1/2개(80g)
- ☐ 레몬즙 1작은술
- ☐ 소금 1/8작은술
- ☐ 후춧가루 약간

1단계: 스프레드 및 속재료 준비하기

01
아보카도는 껍질을 벗겨 씨를 빼고 잘게 다진다. 볼에 나머지 스프레드 재료를 넣고 섞어 스프레드를 만든다.
★ 아보카도 손질하기 35쪽 참고

02
달군 팬에 또띠야를 올리고 중간 불에서 1분 30초간 뒤집어가며 굽는다.

03
냉동 생새우살은 옅은 소금물 (물 2컵 + 소금 1/2작은술)에 10분간 담가 해동한 후 흐르는 물에 헹군다.

04
양파는 가늘게 링으로 썰어 찬물에 담가 매운맛을 뺀다. 토마토 슬라이스는 2등분해 키친타월에 올려 소금(1/6작은술)을 뿌린 뒤 수분을 제거한다.

05
로메인은 차가운 물에 씻은 후 체에 밭쳐 물기를 뺀다. 슬라이스 치즈는 잘게 썬다.

06
달군 팬에 식용유를 두르고 새우살, 칠리 파우더, 소금(1/8작은술)을 넣고 중약 불에서 2분간 볶는다.

2단계: 샌드위치 완성하기

① 또띠야에 스프레드를 바른다.

② 로메인을 올린다.

③ 토마토, 양파를 올린다.

④ 구운 새우살을 올린다.

⑤ 채 썬 치즈와 고수를 올린다.

⑥ 사워크림을 올린 후 양쪽을 접어 만다.

 완성!

☆ **Tip**
또띠야 전처리하기 또띠야는 밀가루나 옥수수 가루로 만든 얇은 팬케이크 같은 빵으로 대형 마트에서 판매한다. 냉동으로 유통되기 때문에 구워서 사용해야 남아 있던 수분도 날아가고 반죽의 시큼한 향도 없어진다.

구운 채소 데리야키 샌드위치

고기를 곁들이지 않고 채소만 듬뿍 넣어 만든 샌드위치랍니다. 원하는 채소를 구운 후 달짝지근한 데리야키 소스로 조려 슬라이스 치즈 한 장만 곁들이면 양념한 고기 못지않게 풍미가 좋아요.

방울토마토 주스 230쪽

chapter 2 차갑게 먹어도 맛있는 콜드 샌드위치

 15~20분
 1개분

- 호밀 식빵(또는 식빵) 2장
- 가지 약 1/4개(40g)
- 양파링 슬라이스 1/10개분(20g)
- 주키니 호박 1/10개(50g, 또는 애호박 1/5개)
- 표고버섯 1개(25g)
- 슬라이스 치즈 (고다 또는 체다) 1장
- 롤라로사(또는 적상추) 3장(30g)
- 식용유(포도씨유 또는 카놀라유) 1큰술

데리야키 소스
- 설탕 1작은술
- 양조간장 2작은술
- 맛술 1작은술

스프레드
- 마요네즈 1큰술

1단계: 스프레드 및 속재료 준비하기

01

달군 팬에 식빵을 올리고 중약 불에서 앞뒤로 1분 30초씩 구워 한 김 식힌다.

02

가지, 양파는 0.5cm 두께로 모양대로 썬다.

03

주키니 호박, 표고버섯은 0.5cm 두께로 모양대로 썬다.

04

롤라로사는 차가운 물에 씻은 후 체에 받쳐 물기를 뺀다. 작은 볼에 데리야키 소스 재료를 넣어 섞는다.

05

달군 팬에 식용유를 두르고 채소를 올려 중강 불에서 2분간 뒤집어가며 노릇하게 굽는다.

06

⑤의 팬에 데리야키 소스를 붓고 30초간 조려 데리야키 채소를 만든다.

2단계: 샌드위치 완성하기

① 2장의 식빵 한쪽 면에 마요네즈를 1/2큰술씩 바른다.

② 롤라로사를 올린다.

③ 데리야키 채소를 올린다.

④ 슬라이스 치즈를 올린 후 나머지 빵으로 덮는다.

 완성!

☆ Tip

더욱 푸짐하게 즐기려면? 채소만 들어가 아쉽다면 닭가슴살이나 쇠고기를 구운 후 데리야키 소스에 조려 채소와 함께 샌드위치에 넣어 즐겨도 좋다. 이때는 데리야키 소스를 분량의 1.5배로 만든다. 먼저 달군 팬에 식용유를 두르고 닭가슴살(1/2개, 50g)이나 쇠고기(50g)을 올려 소금, 후춧가루를 뿌려 중약 불에서 2분간 앞뒤로 뒤집어가며 굽는다. 구운 고기를 위의 과정 ⑥의 채소와 같이 넣고 데리야키 소스를 부어 30초~1분간 조린다.

087

chapter 3
바로 만들어 따뜻하게 즐기는
핫 그릴 샌드위치

요즘 트렌디한 카페에서 가장 많이 만날 수 있는 메뉴 중 하나가 바로 따뜻하게 구운 그릴 샌드위치랍니다. 바로 만들어 따뜻하게 즐기는 이러한 샌드위치들은 브런치나 한 끼 식사로 특히 좋지요. 여기서는 집에서도 근사하게 즐길 수 있는 핫 그릴 샌드위치들을 모아 소개합니다. 그릴 샌드위치용 빵은 치아바타처럼 탄력이 있거나 너무 얇지 않은 빵을 고르는 것이 좋습니다. 또한 속재료에 들어가는 치즈나 가공육이 너무 차가우면 빵이 따뜻하게 구워져도 속재료는 차가워 어울리지 않으니 미리 재료를 냉장고에서 꺼내 차가운 기운을 없앤 후 사용하세요. 이들 샌드위치에는 구웠을 때 특히 맛있는 슈레드 피자 치즈를 많이 활용했는데요, 이 치즈 대신 슬라이스 치즈를 넣어 만들면 콜드 샌드위치로도 즐길 수 있답니다.

오렌지잼 토스트

어렸을 때 참 좋아했던 잼이 바로
오렌지잼이에요. 그래서인지
오렌지잼을 먹을 때면
어린아이로 돌아간 기분이 들곤 하죠.
향긋한 오렌지 향 덕분에 먹으면 기분까지
좋아지는 토스트입니다.

고구마 그릴 샌드위치

자극 없이 부드러운 샌드위치를
먹고 싶을 때 이보다 더 좋은 메뉴는
없어요. 부드러운 고구마, 달콤한
사과잼, 쫀득한 건포도가 잘 어우러져
따뜻한 차에 곁들이면 좋답니다.

chapter 3 바로 만들어 따뜻하게 즐기는 **핫 그릴 샌드위치**

오렌지잼 토스트

- ⏱ 10~15분
- 🍞 1개분

- ☐ 식빵 2장
- ☐ 오렌지잼 2작은술
- ☐ 실온에 둔 버터 2작은술

스프레드
- ☐ 크림치즈 4작은술

⭐ **Tip**
오렌지잼을 바른 후 아몬드 슬라이스나 다진 피스타치오를 곁들여도 좋다.

1단계: 샌드위치 완성하기

① 2장의 식빵 한쪽 면에 크림치즈를 2작은술씩 바른다.

② 오렌지잼을 바른다.

③ 나머지 식빵을 덮고 양쪽 겉면에 버터를 1작은술씩 바른다.

④ **완성!**

굽기 달군 팬에 샌드위치를 올려 약한 불에서 5분간 뒤집어가며 겉면이 바삭해지도록 굽는다.

고구마 그릴 샌드위치

- ⏱ 20~25분
- 🍞 1개분

- ☐ 호밀빵(또는 식빵) 2쪽
- ☐ 고구마 1/2개(100g)
- ☐ 슬라이스 치즈
  (에담 또는 체다) 1장
- ☐ 슈레드 피자 치즈 1/3컵(30g)
- ☐ 건포도 2작은술(7g)
- ☐ 소금 1/6작은술

스프레드
- ☐ 살구잼(또는 사과잼) 2큰술

⭐ **Tip**
어떤 잼이 어울릴까?
고구마의 맛이 부드러우므로 포도잼이나 딸기잼처럼 강한 맛의 잼보다는 은은한 단맛이 나는 살구잼이나 복숭아잼, 사과잼 등이 잘 어울린다.

1단계 스프레드 및 속재료 준비하기

01 그릴 팬과 파니니 프레스를 달군다.

02 고구마는 내열 용기에 넣고 물(1/4컵)을 부어 비닐 랩을 씌워 전자레인지(700W)에서 7분간 익힌다. 1cm 두께로 썰어 소금을 뿌린다.

2단계: 샌드위치 완성하기

① 2장의 호밀빵 한쪽 면에 살구잼을 1큰술씩 바른다.

② 슈레드 피자 치즈를 올린다.

③ 고구마와 건포도를 올린다.

④ 슬라이스 치즈를 올린 뒤 나머지 빵으로 덮는다.

⑤ **완성!**

굽기 달군 그릴 팬에 샌드위치를 올린 후 파니니 프레스로 눌러 약한 불에서 앞뒤로 3분씩 굽는다.
★ 일반 팬에 구울 때는 달군 팬에 샌드위치를 올리고 뒤집개나 깨끗한 작은 팬의 아랫면으로 지긋하게 눌러가며 같은 시간 동안 굽는다(35쪽 참고).

091

고르곤졸라 호두 그릴 샌드위치

고르곤졸라 치즈를 좋아하는 분들이라면 정말 환영할 만한 메뉴죠? 고르곤졸라 치즈의 짭쪼름하고 쿰쿰한 특유의 맛과 향이 호두의 고소한 맛, 꿀의 달콤한 맛과 정말 잘 어울린답니다.

chapter 3 바로 만들어 따뜻하게 즐기는 **핫 그릴 샌드위치**

- 15~20분
- 1개분

- 치아바타 1개
  (또는 두꺼운 식빵 2장)
- 고르곤졸라 치즈
  (또는 크림치즈) 30g
  ★ 재료 설명 19쪽
- 슈레드 피자 치즈 2/3컵(65g)
- 호두 2개(13g)
- 꿀 2큰술

스프레드
- 실온에 둔 버터 2작은술

1단계 스프레드 및 속재료 준비하기

01
그릴 팬과 파니니 프레스를 달군다.
치아바타는 반으로 가른다.

02
호두는 굵게 다진다.

03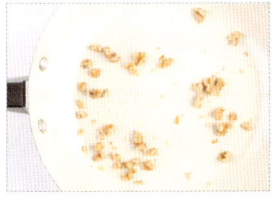
달군 팬에서 호두를 넣고
중약 불에서 2분간 노릇하게
볶는다.

04
고르곤졸라 치즈는 한입 크기로
뜯는다.

2단계: 샌드위치 완성하기

❶ 치아바타 안쪽 면에
버터를 1작은술씩 바른다.

❷ 슈레드 피자 치즈를 올린다.

❸ 호두를 올린다.

❹ 고르곤졸라 치즈를
올린다.

굽기 달군 그릴 팬에 샌드위치를 올린 후
파니니 프레스로 눌러 약한 불에서 앞뒤로 3분씩
굽는다. 샌드위치를 접시에 담고 꿀을 뿌리거나
따로 담아 찍어 먹는다. ★ 일반 팬에 구울 때는
달군 팬에 샌드위치를 올리고 뒤집개나
깨끗한 작은 팬의 아랫면으로 지긋하게 눌러가며
같은 시간 동안 굽는다(35쪽 참고).

❺ 완성!

세 가지 치즈와 사과 처트니 그릴 샌드위치

세 가지 치즈와 사과를 넣어 부드럽고 달콤한 샌드위치이지만, 중간중간 들어 있는 통후추 덕에 알싸한 맛이 나는 반전 있는 샌드위치입니다. 통후추가 부담스럽다면 호두나 아몬드 등의 견과류로 대체해도 좋지요. 맥주나 와인 안주로도 어울리는 메뉴입니다.

chapter 3 바로 만들어 따뜻하게 즐기는 **핫 그릴 샌드위치**

 20~25분
 1개분

- ☐ 치아바타 1개
  (또는 두꺼운 식빵 2장)
- ☐ 슬라이스 치즈
  (에담 또는 체다) 1장
- ☐ 슈레드 피자 치즈 1/2컵(50g)
- ☐ 파르미자노 치즈 8g(또는 파마산 치즈가루 1큰술)
  ★ 재료 설명 19쪽

사과 처트니
- ☐ 사과 3/4개(160g)
- ☐ 통후추 4알(생략 가능)
- ☐ 흑설탕 2큰술
- ☐ 물 4큰술
- ☐ 계핏가루 1/4작은술(생략 가능)

1단계 스프레드 및 속재료 준비하기

01

그릴 팬과 파니니 프레스를 달군다.
치아바타는 반으로 가른다.

02

사과는 껍질을 벗기고 씨부분을
제거한 후 사방 0.3cm 크기로 썬다.

03

통후추는 잘게 다진다.
팬에 사과 처트니 재료를 모두
넣고 중약 불에서 4분간 볶는다.

04

파르미자노 치즈는 필러로
슬라이스하거나 칼로 얇게
저민다.

2단계: 샌드위치 완성하기

❶  치아바타의 안쪽 면에
사과 처트니(3큰술)를 올린다.

❷  슈레드 피자 치즈를 올린다.

❸  슬라이스 치즈를 올린다.

❹  파르미자노 치즈를 올린 후
나머지 빵으로 덮는다.

굽기 달군 그릴 팬에 샌드위치를 올린 후
파니니 프레스로 눌러 약한 불에서 앞뒤로
3분씩 굽는다. ★ 일반 팬에 구울 때는
달군 팬에 샌드위치를 올리고 뒤집개나
깨끗한 작은 팬의 아랫면으로 지긋하게
눌러가며 같은 시간 동안 굽는다(35쪽 참고).

❺

☆ Tip

남은 처트니 보관하기 위의 사과 처트니는 넉넉한 분량으로 만든 것이니 남은 사과 처트니는
밀폐 용기에 담아 냉장실에 두면 10일 정도 보관 가능하다. 구운 빵이나 크래커 등에 발라 먹어도 좋고,
구운 돼지고기나 닭고기 요리에 곁들여도 좋다.

쇠고기 버섯 그릴 샌드위치

샌드위치에 부드럽고 얇은 불고기용 쇠고기를 이용하면 빵과 함께 베어 먹기 쉽답니다.
감칠맛 나는 스테이크 소스에 은은한 향의 버섯과 고소한 치즈를 더해 풍성한 맛을 내는
샌드위치입니다.

chapter 3 바로 만들어 따뜻하게 즐기는 **핫 그릴 샌드위치**

 15~20분
1개분

- 호밀빵(또는 두꺼운 식빵) 2쪽
- 불고기용 쇠고기 70g
- 느타리버섯 1줌(50g)
- 슬라이스 치즈(체다) 1장
- 슈레드 피자 치즈 2/3컵(65g)
- A1 소스(또는 돈가스 소스, 스테이크 소스) 1큰술
  ★ 재료 설명 22쪽
- 식용유(포도씨유 또는 카놀라유) 4작은술
- 소금 약간
- 후춧가루 약간

스프레드
- 실온에 둔 버터 2작은술

1단계 스프레드 및 속재료 준비하기

01

그릴 팬과 파니니 프레스를 달군다.
느타리버섯은 밑동을 제거하고 손으로 가닥가닥 뜯는다.

02

달군 팬에 식용유 2작은술을 두르고 느타리버섯을 올린 후 소금, 후춧가루를 뿌린다. 갈색이 되도록 중간 불에서 2분간 볶은 후 덜어둔다.

03

②의 팬에 식용유 2작은술을 두른 뒤 쇠고기를 올린다. 소금, 후춧가루를 뿌려 중간 불에서 1분간 볶는다.

04

③에 A1 소스를 넣고 1분 더 볶는다.

2단계: 샌드위치 완성하기

①  2장의 호밀빵 한쪽 면에 버터를 1작은술씩 바른다.

②  슈레드 피자 치즈를 올린다.

③  볶은 쇠고기를 올린다.

④  볶은 버섯을 올린다.

⑤  슬라이스 치즈를 올린 후 나머지 빵으로 덮는다.

⑥

굽기 달군 그릴 팬에 샌드위치를 올린 후 파니니 프레스로 눌러 약한 불에서 앞뒤로 3분씩 굽는다.
★ 일반 팬에 구울 때는 달군 팬에 샌드위치를 올리고 뒤집개나 깨끗한 작은 팬의 아랫면으로 지긋하게 눌러가며 같은 시간 동안 굽는다(35쪽 참고).

 완성!

구운 파프리카 그릴 샌드위치

파프리카를 직화로 구워 껍질을 벗기면
특유의 단맛에 훈제 향이 더해져 새로운 맛의
파프리카가 된답니다. 치즈와 함께 빵에 곁들여
먹으면 한층 고급스러운 파프리카의 맛을
느낄 수 있지요.

방울토마토 주스 230쪽

chapter 3 바로 만들어 따뜻하게 즐기는 **핫 그릴 샌드위치**

⏰ 20~25분
🥕 1개분

- ☐ 치아바타 1개
  (또는 두꺼운 식빵 2장)
- ☐ 파프리카 1개(200g)
- ☐ 슬라이스 치즈
  (고다 또는 체다) 1장
- ☐ 슈레드 피자 치즈 2/3컵(65g)
- ☐ 이탈리안 파슬리 1~2줄기
  (또는 파슬리 가루 약간, 생략 가능) ★ 재료 설명 21쪽
- ☐ 소금 1/6작은술
- ☐ 후춧가루 약간

스프레드
- ☐ 토마토 스파게티 소스 1큰술
- ☐ 마요네즈 2작은술

1단계 : 스프레드 및 속재료 준비하기

01

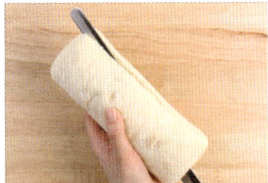

그릴 팬과 파니니 프레스를 달군다.
치아바타는 반으로 가른다.

02

파프리카는 집게로 잡거나
젓가락으로 찔러 가스레인지 위에서
직화로 껍질을 검게 태운다.
★ 파프리카를 불에 태워 껍질을
벗기면 질긴 껍질을 벗겨내는
효과도 있지만 파프리카가 익으면서
단맛이 강해지고 훈제 향이 배어들어
맛이 더욱 좋아진다.

03

구운 파프리카를 볼에 넣고
비닐 랩으로 씌워 5분간 두었다가
껍질을 깨끗하게 벗긴다.

04

파프리카를 4~5등분한 후 소금,
후춧가루를 뿌려 간한다. 슬라이스
치즈도 빵의 크기에 맞춰 썬다.
이탈리안 파슬리는 잎만 떼어둔다.

2단계 : 샌드위치 완성하기

① 치아바타의 안쪽 면에 토마토
스파게티 소스와 마요네즈를
각각 바른다.

② 토마토소스를 올린 빵 위에
슈레드 피자 치즈를 올린다.

③ 파프리카와 파슬리 잎을
올린다.

④ 슬라이스 치즈를 올린 후
나머지 빵으로 덮는다.

⑤

굽기 달군 그릴 팬에 샌드위치를 올린 후 파니니
프레스로 눌러 약한 불에서 앞뒤로 3분씩 굽는다.
★ 일반 팬에 구울 때는 달군 팬에 샌드위치를 올리고
뒤집개나 깨끗한 작은 팬의 아랫면으로 지긋하게
눌러가며 같은 시간 동안 굽는다(35쪽 참고).

완성!

크로크무슈

크로크무슈는 크로캉 Croquant(바삭하게 씹다)과 무슈 Monsieur(아저씨)라는 단어를 합성한 것으로, 프랑스의 한 노동자가 도시락으로 가져간 햄과 치즈가 든 샌드위치를 난로 위에 두었다가 열어보니 치즈는 녹고 빵은 바삭해졌다는 데서 유래한 샌드위치랍니다.

크로크마담

크로크무슈 위에 올린 달걀프라이가 여자의 모자를 닮았다고 해서 무슈 대신 마담 Madame(여주인)을 붙여 크로크마담이 되었답니다. 식빵이나 바게트 등 다양한 빵으로 응용해도 좋습니다.

chapter 3 바로 만들어 따뜻하게 즐기는 **핫 그릴 샌드위치**

크로크무슈

⏱ 15~20분
🥕 1개분

- ☐ 식빵 2장
- ☐ 슬라이스 햄 2장(24g)
- ☐ 그뤼예르 치즈 25g
  (또는 슬라이스 치즈 1장,
  슈레드 피자 치즈 1/3컵)
  ★ 재료 설명 19쪽
- ☐ 후춧가루 약간
- ☐ 실온에 둔 버터 2작은술

스프레드
- ☐ 마요네즈 1큰술
- ☐ 디종 머스터드(또는 머스터드)
  2작은술
  ★ 재료 설명 27쪽

1단계 스프레드 및 속재료 준비하기

01 식빵 1장의 한쪽 면에는 마요네즈, 다른 식빵의 한쪽 면에는 디종 머스터드를 바른다. 그뤼예르 치즈는 얇게 썬다.

2단계 : 샌드위치 완성하기

① 마요네즈를 바른 식빵에 슬라이스 햄을 올린다.
② 후춧가루를 뿌린다.
③ 그뤼예르 치즈를 올린다.
④ 디종 머스터드를 바른 식빵으로 덮는다. 앞뒤 겉면에 버터를 1작은술씩 바른다.

굽기_ 달군 팬에 샌드위치를 올리고 중약 불에서 앞뒤로 1분 30초씩 굽는다.

크로크마담

⏱ 15~20분
🥕 1개분

- ☐ 사워 도우(또는 어슷 썬 바게트) 2쪽
- ☐ 슬라이스햄 2장(24g)
- ☐ 그뤼예르 치즈 25g
  (또는 슬라이스 치즈 2장,
  슈레드 피자 치즈 1/3컵)
  ★ 재료 설명 19쪽
- ☐ 달걀 1개
- ☐ 식용유(포도씨유 또는
  카놀라유) 2작은술
- ☐ 후춧가루 약간
- ☐ 파슬리 가루 약간
  (장식용, 생략 가능)

스프레드
- ☐ 마요네즈 1큰술
- ☐ 디종 머스터드
  (또는 머스터드) 2작은술
  ★ 재료 설명 27쪽

1단계 스프레드 및 속재료 준비하기

01 오븐은 180℃(미니 오븐 170℃)로 예열한다. 사워 도우 1개의 한쪽 면에는 마요네즈, 나머지 사워 도우의 한쪽 면에는 디종 머스터드를 바른다. 그뤼예르 치즈는 얇게 썬다.

02 달군 팬에 식용유를 두르고 달걀을 깨뜨려 올린 후 중간 불에서 1분 30초간 익힌다.

2단계 : 샌드위치 완성하기

① 마요네즈를 바른 빵에 슬라이스 햄을 올리고 후춧가루를 뿌린다.
② 그뤼예르 치즈 1/2 분량을 올린다.
③ 디종 머스터드를 바른 빵으로 덮은 후 나머지 그뤼예르 치즈를 올린다.
④ 오븐에 구운 빵 위에 달걀프라이를 올린 후 파슬리 가루를 뿌린다.

굽기_ 오븐 팬에 유산지를 깔고 샌드위치를 올려 180℃ 오븐(미니 오븐 170℃)의 가운데 칸에 넣어 5분간 굽는다.

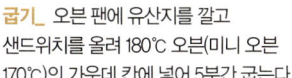 

블랙빈 살사 그릴 샌드위치

멕시코 요리에 자주 등장하는 블랙빈과 매콤한 칠리 파우더를 넣고 볶아 살사를 만들었습니다. 고소한 치즈를 얹고 향긋한 고수를 곁들여 이국적인 풍미를 냈지요. 블랙빈과 고수는 대형 마트나 백화점의 식품 코너에서 쉽게 구할 수 있답니다.

chapter 3 바로 만들어 따뜻하게 즐기는 **핫 그릴 샌드위치**

- ⏱ 20~25분
- 🌶 1개분

- □ 치아바타 1개 (또는 두꺼운 식빵 2장)
- □ 블랙빈 통조림 3큰술(60g) ★ 재료 설명 23쪽
- □ 양파 1/5개(40g)
- □ 고수 2~3줄기(생략 가능) ★ 재료 설명 21쪽
- □ 슬라이스 치즈(체다) 1장
- □ 슈레드 피자 치즈 1/2컵(50g)
- □ 토마토 스파게티 소스 3큰술
- □ 식용유(포도씨유 또는 카놀라유) 2작은술
- □ 칠리 파우더 1작은술(또는 고운 고춧가루, 생략 가능) ★ 재료 설명 22쪽
- □ 소금 약간
- □ 후춧가루 약간

스프레드
- □ 실온에 둔 버터 2작은술

1단계_ 스프레드 및 속재료 준비하기

그릴 팬과 파니니 프레스를 달군다.
치아바타는 반으로 가른다.
블랙빈은 체에 받쳐 물기를 뺀다.

양파와 고수는 잘게 다진다.

2단계_ 샌드위치 완성하기

❶ 치아바타 안쪽 면에 버터를 1작은술씩 바른다.

❷ 슈레드 피자 치즈를 올린다.

달군 팬에 식용유를 두르고 양파를 넣은 뒤 소금, 후춧가루를 뿌려 중간 불에서 1분 30초간 노릇하게 볶는다.

④에 블랙빈, 칠리 파우더를 넣고 30초간 볶는다.

❸ 블랙빈 살사를 올린다.

❹ 슬라이스 치즈를 올린다.

④에 토마토 스파게티 소스를 넣고 40초간 더 볶아 블랙빈 살사를 만든다.

❺ 다진 고수 잎을 올린 후 나머지 빵으로 덮는다.

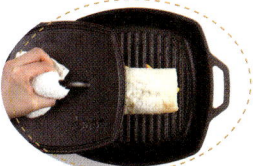

굽기_ 달군 그릴 팬에 샌드위치를 올린 후 파니니 프레스로 눌러 약한 불에서 앞뒤로 3분씩 굽는다.
★ 일반 팬에 구울 때는 달군 팬에 샌드위치를 올리고 뒤집개나 깨끗한 작은 팬의 아랫면으로 지긋하게 눌러가며 같은 시간 동안 굽는다(35쪽 참고).

❻ 완성!

매콤한 시금치 그릴 샌드위치

시금치를 데쳐서 샌드위치에 넣으면 생으로 먹는 것보다 많은 양을 섭취할 수 있지요. 데친 시금치에 토마토소스와 크러시드 페퍼를 넣고 매콤하게 볶아 햄과 함께 곁들이니 깔끔한 맛의 샌드위치가 되었답니다.

chapter 3 바로 만들어 따뜻하게 즐기는 **핫 그릴 샌드위치**

15~20분
1개분

- ☐ 치아바타 1개
  (또는 두꺼운 식빵 2장)
- ☐ 시금치 1줌(50g)
- ☐ 양파 1/4개(50g)
- ☐ 슬라이스 햄 2장(24g)
- ☐ 슈레드 피자 치즈 2/3컵(65g)
- ☐ 토마토 스파게티 소스 2큰술
- ☐ 식용유(포도씨유 또는
  카놀라유) 2작은술
- ☐ 크러시드 페퍼 1/2작은술
  (또는 다진 청양고추 1/2개분)
  ★ 재료 설명 22쪽
- ☐ 소금 약간
- ☐ 후춧가루 약간

스프레드
- ☐ 실온에 둔 버터 2작은술

1단계 스프레드 및 속재료 준비하기

01
그릴 팬과 파니니 프레스를 달군다. 치아바타는 반으로 가른다.

02
시금치는 잎만 떼어 차가운 물에 씻는다. 양파는 0.4cm 두께로 채 썬다.

03
끓는 소금물(물 5컵 + 소금 1작은술)에 시금치를 10초간 데친 뒤 찬물에 담갔다 건져 물기를 꼭 짠다.

04
달군 팬에 식용유를 두르고 양파, 크러시드 페퍼, 소금, 후춧가루를 넣어 중간 불에서 1분 30초간 볶는다.

05
④에 시금치와 토마토 스파게티 소스를 넣고 30초간 더 볶는다.

2단계 샌드위치 완성하기

❶ 치아바타의 안쪽 면에 버터를 1작은술씩 바른다.

❷ 슈레드 피자 치즈를 올린다.

❸ 슬라이스 햄을 올린다.

❹ 볶은 시금치와 양파를 올린 후 나머지 빵으로 덮는다.

❺
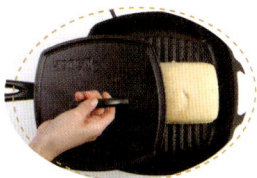

 완성!

굽기 달군 그릴 팬에 샌드위치를 올린 후 파니니 프레스로 눌러 약한 불에서 앞뒤로 3분씩 굽는다.
★ 일반 팬에 구울 때는 달군 팬에 샌드위치를 올리고 뒤집개나 깨끗한 작은 팬의 아랫면으로 지긋하게 눌러가며 같은 시간 동안 굽는다(35쪽 참고).

푸타네스카 그릴 샌드위치

푸타네스카Puttanesca는 토마토, 블랙 올리브, 양파, 마늘, 앤초비, 케이퍼, 향신료 등 이탈리아의 가정 요리에 많이 쓰이는 재료들로 만든 파스타 소스입니다. 이 소스를 응용해서 샌드위치를 만들어보았어요. 매콤하고 새콤한 재료들이 부드러운 치즈와 잘 어울리지요.

대파 크림수프 182쪽

chapter 3 바로 만들어 따뜻하게 즐기는 **핫 그릴 샌드위치**

- 20~25분
- 1개분

- ☐ 호밀 치아바타 1개
  (또는 두꺼운 식빵 2장)
- ☐ 방울토마토 3~4개(50g)
- ☐ 마늘 2쪽
  (또는 다진 마늘 1큰술)
- ☐ 블랙 올리브 5개(18g)
  ★ 재료 설명 23쪽

- ☐ 케이퍼 1작은술(5g)
  ★ 재료 설명 23쪽
- ☐ 앤초비 2조각(6g)
  ★ 재료 설명 23쪽
- ☐ 토마토 스파게티 소스 1큰술

- ☐ 크러시드 페퍼 1/4작은술
  (또는 다진 청양고추
  1/4개분) ★ 재료 설명 22쪽
- ☐ 슈레드 피자 치즈 2/3컵(65g)
- ☐ 파르미자노 치즈 4g(또는
  파마산 치즈가루 1/2큰술)
  ★ 재료 설명 19쪽

- ☐ 올리브유 2작은술
- ☐ 소금 1/8작은술
- ☐ 후춧가루 약간

스프레드
- ☐ 실온에 둔 버터 2작은술

1단계: 스프레드 및 속재료 준비하기

01

그릴 팬과 파니니 프레스를 달군다.
치아바타는 반으로 가른다.

02

방울토마토는 4등분하고, 마늘은
잘게 다진다.

2단계: 샌드위치 완성하기

❶  치아바타
안쪽 면에
버터를 1작은술씩
바른다.

03
블랙 올리브와 케이퍼는 굵게
다진다. 파르미자노 치즈는
강판에 갈거나 칼로 잘게 다진다.

04

달군 팬에 올리브유를 두르고
방울토마토와 다진 마늘, 소금,
후춧가루를 넣어 수분이 날아가도록
중간 불에서 2분간 볶는다.

❷  푸타네스카
소스를 올린다.

❸  슈레드 피자
치즈를
올린다.

❹  파르미자노
치즈를 올린 후
나머지 빵으로
덮는다.

05

④에 블랙 올리브, 케이퍼,
앤초비, 토마토 스파게티 소스,
크러시드 페퍼를 넣고 1분
더 볶아 푸타네스카 소스를
완성한다. ★ 앤초비는 볶으면서
으깨지니 따로 다지지 않아도
된다.

❺

완성!

굽기 달군 그릴 팬에 샌드위치를 올린 후 파니니
프레스로 눌러 약한 불에서 앞뒤로 3분씩 굽는다.
★ 일반 팬에 구울 때는 달군 팬에 샌드위치를 올리고
뒤집개나 깨끗한 작은 팬의 아랫면으로 지긋하게
눌러가며 같은 시간 동안 굽는다(35쪽 참고).

페스토 새우 그릴 샌드위치

향긋한 바질 페스토와 담백한 새우가 얼마나 잘 어울리는지 아시나요? 볶은 새우에 은은한 바질 향과 고소한 잣이 어우러져 고급스러운 맛을 낸답니다.

chapter 3 바로 만들어 따뜻하게 즐기는 핫 그릴 샌드위치

⏰ 25~30분
🍴 1개분

- ☐ 치아바타 1개
  (또는 두꺼운 식빵 2장)
- ☐ 냉동 생새우살 8마리
  (120g)
- ☐ 양파 1/5개(40g)
- ☐ 잣 2큰술

- ☐ 슈레드 피자 치즈 2/3컵(65g)
- ☐ 파르미자노 치즈 8g
  (또는 파마산 치즈가루 1큰술)
  ★ 재료 설명 19쪽
- ☐ 토마토 스파게티 소스
  2큰술

- ☐ 바질 페스토 1/2큰술
  ★ 재료 설명 26쪽
- ☐ 식용유(포도씨유 또는
  카놀라유) 1큰술
- ☐ 소금 약간
- ☐ 후춧가루 약간

스프레드
- ☐ 바질 페스토 1큰술
  ★ 재료 설명 26쪽

1단계 스프레드 및 속재료 준비하기

01

그릴 팬과 파니니 프레스를 달군다.
치아바타는 반으로 가른다.
냉동 생새우살은 옅은 소금물
(물 2컵 + 소금 1/2작은술)에 10분간
담가 해동한 후 흐르는 물에 헹군다.

02

양파는 0.5cm 두께로 채 썬다.
파르미자노 치즈는 강판에 갈거나
칼로 잘게 다진다.

2단계: 샌드위치 완성하기

03
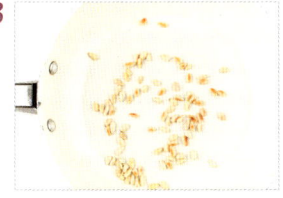
달군 팬에 잣을 올리고 중약 불에서
2분간 노릇하게 볶은 후 덜어둔다.

04

③의 팬에 식용유를 두른 뒤
새우살과 양파를 넣고 소금,
후춧가루를 뿌린다. 중약 불에서
1분 30초간 볶는다.

❶ 치아바타의 안쪽 면에
바질 페스토를 1/2큰술씩 바른다.

❷ 볶은 새우와 양파,
잣을 올린다.

❸ 슈레드 피자 치즈를 올린다.

❹ 파르미자노 치즈를 올린 후
나머지 빵으로 덮는다.

05

④에 토마토 스파게티 소스와
바질 페스토(1/2큰술), 잣을
넣고 30초간 더 볶는다.

굽기 달군 그릴 팬에 샌드위치를 올린 후 파니니
프레스로 눌러 약한 불에서 앞뒤로 3분씩 굽는다.
★ 일반 팬에 구울 때는 달군 팬에 샌드위치를 올리고
뒤집개나 깨끗한 작은 팬의 아랫면으로 지긋하게
눌러가며 같은 시간 동안 굽는다(35쪽 참고).

❺
완성!

치킨 너겟 그릴 샌드위치

닭안심을 이용해서 치킨 너겟을 만들어 그릴 샌드위치를 만들었답니다. 새콤한 토마토소스와 듬뿍 갈아 넣은 파르미자노 치즈가 맛을 한층 업그레이드해주지요. 시판 냉동 치킨 너겟을 구워 넣어도 됩니다.

chapter 3 바로 만들어 따뜻하게 즐기는 핫 그릴 샌드위치

20~25분
1개분

- ☐ 치아바타 1개
  (또는 두꺼운 식빵 2장)
- ☐ 닭안심 3쪽(75g)
- ☐ 슈레드 피자 치즈 2/3컵(65g)
- ☐ 파르미자노 치즈 4g(또는 파마산 치즈 가루 1/2큰술)
  ★ 재료 설명 19쪽

- ☐ 토마토 스파게티 소스 4큰술
- ☐ 달걀 1개
- ☐ 빵가루 1/2컵(25g)
- ☐ 파슬리 가루 약간(생략 가능)
- ☐ 소금 1/6작은술
- ☐ 후춧가루 약간

- ☐ 식용유(포도씨유 또는 카놀라유) 2큰술

스프레드
- ☐ 실온에 둔 버터 2작은술

1단계: 스프레드 및 속재료 준비하기

01

그릴 팬과 파니니 프레스를 달군다. 치아바타는 반으로 가른다.

02

작은 냄비에 토마토 스파게티 소스를 넣고 중간 불에서 2분간 졸인다.

2단계: 샌드위치 완성하기

❶  치아바타의 안쪽 면에 버터를 1작은술씩 바른다.

03
닭안심에 소금, 후춧가루를 뿌린다. 파르미자노 치즈는 필러로 슬라이스하거나 칼로 얇게 저민다.

04
달걀을 풀어 달걀물을 만든다. 빵가루와 파슬리 가루를 섞어 넓은 접시에 담는다. 닭안심에 달걀물 → 빵가루 순으로 묻힌다.

❷  슈레드 피자 치즈를 올린다.

❸  구운 닭안심을 올린다.

05

달군 팬에 식용유를 두르고 닭안심을 올려 중약 불에서 4분 30초간 뒤집어가며 노릇하게 익힌다.

❹  토마토 스파게티 소스를 올린다.

❺  파르미자노 치즈를 올린 후 나머지 빵으로 덮는다.

굽기 달군 그릴 팬에 샌드위치를 올린 후 파니니 프레스로 눌러 약한 불에서 앞뒤로 3분씩 굽는다.
★ 일반 팬에 구울 때는 달군 팬에 샌드위치를 올리고 뒤집개나 깨끗한 작은 팬의 아랫면으로 지긋하게 눌러가며 같은 시간 동안 굽는다(35쪽 참고).

 완성!

❻

태국풍 쇠고기 그릴 샌드위치

이국적인 풍미의 그린 커리 페이스트로 맛을 낸
샌드위치입니다. 커리가 부드러운 코코넛 밀크와
잘 어울리는 것처럼 슈레드 피자 치즈와도 잘 어울리지요.
그린 커리 대신 일반 카레가루를 이용해도 됩니다.

chapter 3 바로 만들어 따뜻하게 즐기는 **핫 그릴 샌드위치**

20~25분
1개분

- ☐ 치아바타 1개
   (또는 두꺼운 식빵 2장)
- ☐ 쇠고기 등심 45g
- ☐ 양파 약 1/7개(30g)
- ☐ 피망 1/10개(10g)

- ☐ 슈레드 피자 치즈 1/2컵(50g)
- ☐ 토마토 스파게티 소스 3큰술
- ☐ 그린 커리 페이스트(또는 일반 카레가루) 1작은술
   ★ 재료 설명 23쪽

- ☐ 식용유(포도씨유 또는 카놀라유) 2작은술

스프레드
- ☐ 실온에 둔 버터 2작은술

1단계 스프레드 및 속재료 준비하기

01

그릴 팬과 파니니 프레스를 달군다.
치아바타는 반으로 가르고, 양파와
피망은 0.5cm 두께로 채 썬다.

02

쇠고기는 1cm 두께로 채 썬다.

03

볼에 쇠고기를 담고 그린 커리
페이스트를 넣어 버무린다.

04

달군 팬에 식용유를 두르고
쇠고기, 양파, 피망을 넣어
중약 불에서 2분 30초간 볶는다.

05

④에 토마토 스파게티 소스를
넣어 30초간 더 볶는다.

2단계 샌드위치 완성하기

① 치아바타 안쪽 면에
버터를 1작은술씩 바른다.

② 볶은 쇠고기와 채소를 올린다.

③ 슈레드 피자 치즈를 올린 후
나머지 빵으로 덮는다.

④

완성!

굽기 달군 그릴 팬에 샌드위치를 올린 후 파니니
프레스로 눌러 약한 불에서 앞뒤로 3분씩 굽는다.
★ 일반 팬에 구울 때는 달군 팬에 샌드위치를 올리고
뒤집개나 깨끗한 작은 팬의 아랫면으로 지긋하게
눌러가며 같은 시간 동안 굽는다(35쪽 참고).

미트볼 그릴 샌드위치

미트볼을 만들어 샌드위치에 넣으면 씹는 맛이 좋지요. 풍성하게 씹히는 고기의 맛을 느낄 수 있을 뿐만 아니라 쏙쏙 숨어 있는 미트볼을 찾아 먹는 재미도 있답니다.

chapter 3 바로 만들어 따뜻하게 즐기는 **핫 그릴 샌드위치**

⏱ 20~25분
🥕 1개분

- 치아바타 1개
  (또는 두꺼운 식빵 2장)
- 다진 쇠고기 75g
- 양파 1/7개(30g)
- 피망 1/3개(30g)
- 슈레드 피자 치즈 2/3컵(65g)
- 토마토 스파게티 소스 2큰술
- 식용유(포도씨유 또는 카놀라유) 4작은술
- 소금 약간
- 후춧가루 약간

스프레드
- 실온에 둔 버터 2작은술

1단계: 스프레드 및 속재료 준비하기

01

그릴 팬과 파니니 프레스를 달군다. 치아바타는 반으로 가르고, 양파와 피망은 0.7cm 두께로 채 썬다.

02
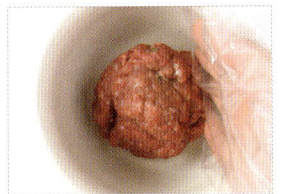
다진 쇠고기는 치대어 8등분한 후 지름 2cm 크기로 동그랗게 뭉쳐 미트볼을 만든다.

2단계: 샌드위치 완성하기

① 치아바타 안쪽 면에 버터를 1작은술씩 바른다.

② 미트볼과 볶은 채소를 올린다.

③ 슈레드 피자 치즈를 올린 후 나머지 빵으로 덮는다.

03

달군 팬에 식용유 2작은술을 두르고 미트볼을 올린 뒤 소금, 후춧가루를 뿌린다. 중간 불에서 2분 30초간 굴려가며 노릇하게 구운 후 덜어둔다.

04
③의 팬에 식용유 2작은술을 두른 뒤 양파, 피망을 넣는다. 소금, 후춧가루를 뿌려 중간 불에서 2분간 볶는다.

④ **완성!**

05

④에 미트볼, 토마토 스파게티 소스를 넣고 중간 불에서 1분 30초간 볶는다.

굽기_ 달군 그릴 팬에 샌드위치를 올린 후 파니니 프레스로 눌러 약한 불에서 앞뒤로 3분씩 굽는다.
★ 일반 팬에 구울 때는 달군 팬에 샌드위치를 올리고 뒤집개나 깨끗한 작은 팬의 아랫면으로 지긋하게 눌러가며 같은 시간 동안 굽는다(35쪽 참고).

chapter 4
홈 파티에 곁들이는 오픈 샌드위치

집에 손님이 올 때 애피타이저나
술안주로 내기에 딱 좋은 메뉴가 바로
오픈 샌드위치지요. 보통 오픈 샌드위치에는
한입 크기로 만들어 즐기는 카나페와
브루스케타, 빵 한쪽에만 재료들을 얹어
먹는 토스트 등이 있습니다. 메뉴 구성이나
함께 마실 술 종류를 고려해 빵 대신
담백한 크래커나 오이 슬라이스, 잘게 썬
양상추 등에 속재료를 올려도
잘 어울립니다. 또한 속재료를 넉넉히
만들어 식빵이나 호밀빵 사이에 넣어
일반 샌드위치로 즐겨도 좋습니다.
파티 케이터링 전문가로 활동하는
지은경이 추천하는, 손님들을 감탄하게 할
멋진 오픈 샌드위치들을 소개합니다.

하몽 치즈말이 카나페

하몽Jamon은 돼지다리를 통째로 염장하여 건조시킨 스페인식 생햄인데요. 그냥 먹어도 맛있지만 치즈, 올리브를 곁들여 카나페로 만들어보세요. 더욱 폼 나게 즐길 수 있답니다.

사과 프로슈토 카나페

보통 프로슈토는 멜론과 함께 많이 먹는데요. 잘 익은 사과와도 궁합이 좋답니다. 여기에 루콜라까지 곁들이면 맛이 한 단계 더 업그레이드되지요.

chapter 4 홈 파티에 곁들이는 **오픈 샌드위치**

하몽 치즈말이 카나페

⏰ 10~15분
🥕 6개분

- □ 바게트 6cm 길이 1토막
- □ 하몽 25g(또는 생으로 먹을 수 있는 슬라이스 햄 2장)
  ★ 재료 설명 17쪽
- □ 보코치니 치즈 6개(44g, 또는 프레시 모짜렐라 치즈 1/3개)
  ★ 재료 설명 19쪽
- □ 그린 올리브(또는 블랙 올리브) 6개 ★ 재료 설명 23쪽

☆ Tip

보코치니(Bococcini) 치즈
프레시 모짜렐라 치즈의 한 종류로 한입 크기로 만든 것이 특징. 프레시 모짜렐라 치즈로 대체할 경우 사방 2cm 크기로 썬 후 사용한다.

1단계 스프레드 및 속재료 준비하기

01 바게트는 1cm 두께로 썬다.

02 달군 그릴 팬(또는 팬)에 바게트를 올려 중간 불에서 앞뒤로 1분씩 구워 한 김 식힌다.

03 보코치니 치즈에 하몽을 둘러 감싸고, 올리브는 꼬치에 꽂는다. 같은 방법으로 5개 더 만든다.

2단계: 샌드위치 완성하기

❶
바게트 위에 하몽으로 감싼 보코치니 치즈를 올린다.

❷
올리브 꼬치를 치즈에 꽂는다. 같은 방법으로 5개 더 만든다.

완성!

사과 프로슈토 카나페

⏰ 10~15분
🥕 6개분

- □ 치아바타(또는 바게트) 6cm 길이 1토막
- □ 프로슈토 35g(또는 생으로 먹을 수 있는 슬라이스 햄 3장)
  ★ 재료 설명 17쪽
- □ 사과 1/3개(70g)
- □ 루콜라 10g(또는 어린잎 채소 1/2줌)
  ★ 재료 설명 20쪽

스프레드
- □ 크림치즈 3작은술

1단계 스프레드 및 속재료 준비하기

01 치아바타를 1cm 두께로 썬다. 달군 그릴 팬(또는 팬)에 올려 중간 불에서 앞뒤로 40초씩 구워 한 김 식힌다.

02 사과는 씨를 제거해 얇게 썰고, 루콜라는 빵의 크기에 맞게 손질한다.

03 프로슈토 위에 루콜라와 사과를 1/6 분량씩 올린 후 감싼다. 같은 방법으로 프로슈토 말이를 5개 더 만든다.

2단계: 샌드위치 완성하기

❶
치아바타 한쪽 면에 크림치즈를 1/2작은술씩 바른다.

❷
프로슈토 말이를 올린다. 같은 방법으로 5개 더 만든다.

완성!

훈제 연어 무스 브루스케타

훈제 연어를 색다르게 즐길 수 있는 브루스케타입니다. 훈제 연어를 잘게 다져서 크림치즈와 버무려 무스로 만들었는데요, 바삭한 바게트와 부드러운 연어 무스가 잘 어울린답니다. 또한 새콤한 레몬 제스트와 딜을 곁들여 느끼하지 않지요.

chapter 4 홈 파티에 곁들이는 오픈 샌드위치

- 15~20분
- 6개분

- 바게트 6cm 길이 1토막
- 훈제 연어 슬라이스 3개(70g)
- 양파 1/10개(20g)
- 딜 3줄기(또는 송송 썬 쪽파 2작은술, 생략 가능)
  ★ 재료 설명 21쪽
- 레몬 1/2개(레몬즙 1작은술 + 레몬 제스트 1/2개분)
- 크림치즈 2큰술

스프레드
- 다진 마늘 1/2작은술
- 올리브유 4작은술

1단계: 스프레드 및 속재료 준비하기

01

바게트는 1cm 두께로 썬다. 스프레드 재료를 섞은 후 바게트 한쪽 면에 1/6 분량씩 바른다.

02

달군 그릴 팬(또는 팬)에 바게트를 올리고 중간 불에서 앞뒤로 1분씩 노릇하게 구워 한 김 식힌다.

03

양파와 딜 2줄기를 잘게 다진다. 딜 1줄기는 완성 단계에서 쓸 수 있도록 따로 준비해둔다.

04

레몬은 깨끗이 씻어 노란 껍질만 얇게 벗긴 후 가늘게 채 썬다. 즙을 짜서 1작은술을 만든다.
★ 레몬 껍질 씻기 45쪽 Tip 참고

05

훈제 연어는 잘게 다진다.

06

볼에 훈제 연어, 양파, 다진 딜, 레몬즙, 크림치즈를 넣고 골고루 섞어 훈제 연어 무스를 만든다.

2단계: 샌드위치 완성하기

① 스프레드를 바른 바게트 면에 훈제 연어 무스 1/6 분량을 올린다.

② 딜을 올린다.

③ 레몬 제스트를 올린다. 같은 방법으로 5개 더 만든다.

완성!

Tip
빵 대신 오이로 상큼하게 즐기기 깔끔하게 즐기고 싶다면 오이를 0.7cm 두께로 어슷 썰어 그 위에 훈제 연어 무스를 올린다. 냉장실에서 차갑게 보관해두었다가 입맛을 돋우는 애피타이저로 내면 좋다.

앤초비와 절인 양파 브루스케타

짭짜름한 앤초비와 부드럽고 고소한 버터는 참 잘 어울리는 궁합이랍니다.
여기에 새콤달콤하게 절인 양파까지 더한다면 한결 깔끔하게 즐길 수 있지요.
앤초비의 양이 부담스럽다면 기호에 따라 가감하세요.

chapter 4 홈 파티에 곁들이는 **오픈 샌드위치**

- 15~20분
- 6개분

- [ ] 바게트 6cm 길이 1토막
- [ ] 적양파(또는 양파) 1/7개(30g)
- [ ] 앤초비 6조각(12g)
  - ★ 재료 설명 23쪽
- [ ] 무염 버터(또는 일반 버터) 25g
- [ ] 물냉이(또는 어린잎 채소) 1/2줌(10g) ★ 재료 설명 21쪽
- [ ] 설탕 1/2작은술
- [ ] 소금 1/8작은술
- [ ] 식초 1작은술

1단계 스프레드 및 속재료 준비하기

01

바게트는 1cm 두께로 썬다.

02

달군 그릴 팬(또는 팬)에 바게트를 올리고 중간 불에서 앞뒤로 1분씩 노릇하게 구워 한 김 식힌다.

03

적양파는 가늘게 채 썰어 설탕, 소금, 식초에 10분간 재운다.

04

물냉이는 흐르는 물에 씻은 후 체에 밭쳐 물기를 뺀다.

2단계: 샌드위치 완성하기

①  바게트 한쪽 면에 버터를 1/6분량씩 올린다.

②  앤초비를 올린다.

③  절인 양파를 올린다.

④  물냉이를 올린다. 같은 방법으로 5개 더 만든다.

☆ Tip

다양한 요리에 쓰이는, 앤초비(Anchovy) 멸치과에 속하는 작은 생선을 포를 떠서 뼈를 제거한 뒤 염장한 것으로, 우리나라의 멸치젓과 같이 강한 맛과 향을 지니고 있다. 대형 마트나 백화점 식품 코너에서 구입할 수 있다. 샐러드 드레싱이나 파스타 요리를 할 때 2~3조각을 잘게 썰어 넣으면 음식에 더욱 깊은 맛과 감칠맛이 난다. 남은 앤초비는 오일에 푹 잠긴 상태로 작은 밀폐 용기에 넣어 냉장실에 두면 6개월 이상 보관 가능하다.

방울토마토 치즈 브루스케타

부드럽고 진한 크림 같은 부라타 치즈와 방울토마토로 만든 브루스케타예요.
향긋한 바질 향과도 잘 어우러져 가볍게 즐길 수 있는 메뉴랍니다.

무화과잼 브리 치즈 토스트

브리 치즈는 구우면 더욱 부드러워지죠. 여기에 달콤한 무화과잼과 고소한 아몬드를
곁들이면 환상의 궁합이 된답니다. 아이들 영양 간식으로도 좋아요.

chapter 4 홈 파티에 곁들이는 **오픈 샌드위치**

방울토마토 치즈 브루스케타

⏰ 10~15분
🥕 6개분

- □ 바게트 6cm 길이 1토막
- □ 부라타 치즈(또는
  프레시 모짜렐라 치즈) 60g
  ★ 재료 설명 19쪽
- □ 방울토마토 5~6개
- □ 바질 잎 2~3장(생략 가능)
  ★ 재료 설명 21쪽

스프레드
- □ 다진 마늘 1/2작은술
- □ 올리브유 4작은술

☆ **Tip**

부라타(Burrata) 치즈
프레시 모짜렐라 치즈 반죽 속에
진한 우유 크림을 넣어
부드러운 맛이 특징이다.
겉모양은 프레시 모짜렐라 치즈와
비슷하고 안의 질감은 크림치즈와
비슷하다. 토마토와 잘 어울린다.

1단계 스프레드 및 속재료 준비하기

01 바게트는 1cm 두께로 어슷 썬다.
   스프레드 재료를 섞은 후
   바게트 한쪽 면에 1/6 분량씩 바른다.

02 달군 그릴 팬(또는 팬)에 바게트를 올려
   중간 불에서 앞뒤로 1분씩 노릇하게 구워
   한 김 식힌다.

03 방울토마토는 4등분하고 바질은
   잘게 다진다.

2단계: 샌드위치 완성하기

❶ 스프레드를 바른 바게트 면에 부라타 치즈를 1/6분량(10g)씩 올린다.

❷ 방울토마토를 올린다.

❸ 다진 바질을 올린다. 같은 방법으로 5개 더 만든다.

완성!

무화과잼 브리 치즈 토스트

⏰ 15~20분
🥕 6개분

- □ 바게트 6cm 길이 1토막
- □ 브리 치즈
  (또는 카망베르 치즈) 1/3개(45g)
  ★ 재료 설명 18쪽
- □ 무화과잼(또는 사과잼 등
  과일잼) 3큰술
- □ 아몬드 슬라이스 1큰술

1단계 스프레드 및 속재료 준비하기

01 오븐은 180℃(미니 오븐 170℃)로 예열한다.

02 바게트는 1cm 두께로 썰고,
   브리 치즈는 한입 크기로 6등분한다.

2단계: 샌드위치 완성하기

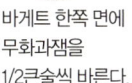

❶ 바게트 한쪽 면에 무화과잼을 1/2큰술씩 바른다.

❷ 브리 치즈를 올린다.

❸ 아몬드 슬라이스를 올린다. 같은 방법으로 5개 더 만든다.

완성!

굽기 오븐 팬에 유산지를 깔고 샌드위치를 올려
180℃ 오븐(미니 오븐 170℃)의 가운데 칸에서
8분간 굽는다.

양송이버섯볶음 카나페

볶은 버섯에 우유와 치즈를 넣어
풍미를 더해 진한 버섯의 향을
살렸습니다. 바삭하게 구운 치아바타에
올려 카나페로 즐기면 와인이나 맥주
안주로도 잘 어울리지요.

chapter 4 홈 파티에 곁들이는 **오픈 샌드위치**

 15~20분
 6개분

- ☐ 치아바타(또는 바게트) 6cm 길이 1토막
- ☐ 양송이버섯 4개(80g)
- ☐ 양파 1/4개(50g)
- ☐ 파르미자노 치즈 4g(또는 파마산 치즈 가루 1/2큰술) ★ 재료 설명 19쪽
- ☐ 식용유(포도씨유 또는 카놀라유) 2큰술
- ☐ 우유 2큰술
- ☐ 소금 약간
- ☐ 후춧가루 약간
- ☐ 파슬리 가루 약간 (장식용, 생략 가능)

1단계 스프레드 및 속재료 준비하기

01

치아바타는 1cm 두께로 썬다.

02

달군 그릴 팬(또는 팬)에 치아바타를 올리고 중간 불에서 앞뒤로 40초씩 구워 한 김 식힌다.

03

양송이버섯은 모양대로 얇게 썰고, 양파는 가늘게 채 썬다. 파르미자노 치즈는 강판에 갈거나 칼로 잘게 다진다.

04

달군 팬에 식용유를 두른 뒤 버섯, 양파를 넣고 소금, 후춧가루를 뿌려 중간 불에서 5분간 볶는다.

05

④의 팬에 우유와 파르미자노 치즈를 넣은 뒤 중약 불에서 1분간 볶는다.

2단계 샌드위치 완성하기

❶ 치아바타 한쪽 면에 버섯볶음을 1/6분량씩 올린다.

❷ 파슬리 가루를 뿌린다. 같은 방법으로 5개 더 만든다.

☆ Tip

보다 고급스러운 버섯 풍미를 더하고 싶다면? 버섯을 다 볶은 후 트뤼플 오일을 2~3방울 넣어 섞는다. 이 오일은 프랑스의 3대 진미 중 하나인 송로버섯(트뤼플, Truffle)을 담가두어 풍미를 더한 고급 오일로 코스트코나 백화점의 수입 식품 코너, 인터넷 수입 식재료상에서 구입할 수 있다.

치즈볼 토스트

염소 치즈를 차갑게 두었다가 동그랗게
만들어 다진 피스타치오와 말린 크랜베리를
묻혔습니다. 그냥 먹어도 좋고, 구운 바게트에
올려 카나페로 즐겨도 좋지요.
기호에 따라 달콤한 꿀을 곁들이세요.

chapter 4 홈 파티에 곁들이는 **오픈 샌드위치**

  40~45분
6개분

- 바게트 6cm 길이 1토막
- 염소 치즈(또는 크림치즈) 54g
  ★ 재료 설명 18쪽
- 피스타치오(또는 아몬드, 호두) 10~12개(12g)
- 말린 크랜베리(또는 건포도) 1큰술(10g)
- 꿀 2큰술(기호에 따라 가감)

1단계 : 스프레드 및 속재료 준비하기

01

바게트는 1cm 두께로 썬다.
냉동실에 염소 치즈를 넣어 30분간 단단하게 굳힌다.

02

달군 그릴 팬(또는 팬)에 바게트를 올려 중간 불에서 앞뒤로 1분씩 노릇하게 구워 한 김 식힌다.

03

달군 팬에 피스타치오를 넣고 중약 불에서 2분간 볶는다.

04

볶은 피스타치오와 말린 크랜베리를 잘게 다진 후 평평한 접시에 넣고 섞는다.

05

차가워진 염소 치즈를 지름 2cm 정도로 동그랗게 빚는다. ④의 접시에 치즈를 넣고 굴려가며 피스타치오와 크랜베리를 골고루 묻혀 치즈볼을 만든다.

2단계 : 샌드위치 완성하기

❶ 바게트 위에 치즈볼을 올린다.

❷ 숟가락으로 살짝 눌러 빵 위에 펴 바른다.

❸ 꿀을 올린다. 같은 방법으로 5개 더 만든다.

완성!

발사믹 마늘조림 토스트

마늘을 충분히 볶아 매운맛을 없애고 새콤한 발사믹 식초를 넣고 조려 맛과 향을 살렸답니다. 치즈를 올려 구운 바게트에 곁들여 토스트로 만들면 정말 별미지요. 이 메뉴는 파스타나 스테이크 등에 곁들임 메뉴로 내도 아주 잘 어울립니다.

chapter 4 홈 파티에 곁들이는 **오픈 샌드위치**

- 25~30분
- 6개분

- ☐ 바게트 6cm 길이 1토막
- ☐ 마늘 5쪽
- ☐ 양파 약 1/7개(30g)
- ☐ 슈레드 피자 치즈 1/3컵(30g)

- ☐ 타임 2~3줄기(생략 가능)
  - ★ 재료 설명 21쪽
- ☐ 발사믹 식초 3큰술
  - ★ 재료 설명 22쪽

- ☐ 꿀 1작은술
- ☐ 올리브유(또는 포도씨유) 2작은술
- ☐ 소금 약간
- ☐ 후춧가루 약간

1단계: 스프레드 및 속재료 준비하기

01

오븐은 180℃(미니 오븐 170℃)로 예열한다. 바게트는 1cm 두께로 썬다.

02

바게트 위에 슈레드 피자 치즈를 1/6 분량씩 올린 후 180℃ 오븐(미니 오븐 170℃)의 가운데 칸에서 8분간 굽는다.

03

마늘은 2~3등분하고, 양파는 사방 1cm 크기로 썬다.

04

달군 냄비나 작은 팬에 올리브유를 두르고 마늘, 양파를 넣은 뒤 소금, 후춧가루를 뿌려 중간 불에서 2분 30초간 볶는다.

2단계: 샌드위치 완성하기

❶ 치즈를 녹인 바게트 위에 조린 마늘과 양파를 올린다.

❷ 타임을 올린다.
같은 방법으로 5개 더 만든다.

완성!

05

④에 발사믹 식초, 꿀, 소금을 넣고 센 불로 올려 가장자리가 끓어오르면 1분 30초간 조린 후 불을 끈다. 타임 1줄기를 넣고 골고루 섞은 뒤 10분간 두어 한 김 식힌다.

구운 채소 오픈 샌드위치

구우면 단맛이 더 살아나는 가지, 주키니 호박, 파프리카를
향긋한 페스토 소스와 곁들인 오픈 샌드위치입니다.
맛이 담백하고 깔끔해 여성들에게 더욱 인기 있는 메뉴지요.

자몽 벨리니 232쪽

chapter 4 홈 파티에 곁들이는 **오픈 샌드위치**

- 20~25분
- 4개분

- ☐ 호밀빵 2쪽(또는 식빵 1장)
- ☐ 주키니 호박 1/5개(100g, 또는 애호박 1/3개)
- ☐ 가지 1/2개(70g)
- ☐ 파프리카 1/2개(100g)
- ☐ 파르미자노 치즈 16g (또는 파마산 치즈가루 2큰술) ★ 재료 설명 19쪽
- ☐ 식용유(포도씨유 또는 카놀라유) 3작은술
- ☐ 소금 1/3작은술
- ☐ 후춧가루 약간

스프레드
- ☐ 바질 페스토 4작은술
  ★ 재료 설명 26쪽

1단계 : 스프레드 및 속재료 준비하기

01
오븐은 180℃(미니 오븐 170℃)로 예열한다. 호밀빵은 2등분한다.

02
주키니 호박과 가지는 0.5cm 두께로 썬다.

03
파프리카는 씨를 제거한 후 4등분한다. 파르미자노 치즈는 강판에 갈거나 칼로 잘게 다진다.

04
달군 팬에 식용유 2작은술을 두른 뒤 주키니 호박, 가지를 올리고 소금, 후춧가루를 뿌린다. 중강 불에서 1분 30초간 뒤집어가며 구운 후 덜어둔다.

05
④의 팬에 식용유 1작은술을 두르고 파프리카를 올린 후 소금, 후춧가루를 뿌려 중간 불에서 뒤집어가며 3분간 굽는다.

2단계 : 샌드위치 완성하기

❶ 호밀빵 한쪽 면에 바질 페스토를 1작은술씩 바른다.

❷ 구운 가지와 주키니 호박을 올린다.

❸ 구운 파프리카를 올린다.

❹ 파르미자노 치즈를 올린다. 같은 방법으로 3개 더 만든다.

굽기 오븐 팬에 유산지를 깔고 샌드위치를 올려 180℃ 오븐 (미니 오븐 170℃)의 가운데 칸에서 8분간 굽는다.

❺ 완성!

게맛살 아보카도 토스트

아보카도와 게맛살은 매콤한 소스와 정말 잘 어울리지요. 그래서 슬라이스한 치아바타에 올려 오픈 샌드위치로 만들었답니다. 남은 게맛살 소는 초밥 양념한 밥에 곁들여도 잘 어울려요.

chapter 4 홈 파티에 곁들이는 **오픈 샌드위치**

- ⏱ 15~20분
- 🥕 4개분

- ☐ 치아바타 4cm 길이 1토막 (또는 식빵 1장)
- ☐ 게맛살 짧은 것 3줄(55g)
- ☐ 양파 1/10개(20g)
- ☐ 아보카도 1/2개(80g)

- ☐ 고수(또는 어린잎 채소) 약간
  ★ 재료 설명 21쪽
- ☐ 슈레드 피자 치즈 1/4컵 (25g)
- ☐ 마요네즈 3큰술

- ☐ 설탕 1작은술
- ☐ 레몬즙 1작은술
- ☐ 스리랏차 칠리소스 (또는 타바스코, 핫소스) 2작은술
  ★ 재료 설명 22쪽

1단계: 스프레드 및 속재료 준비하기

01
오븐은 180℃(미니 오븐 170℃)로 예열한다. 치아바타는 1cm 두께로 썬다.

02
게맛살은 한입 크기로 뜯고 양파는 사방 0.5cm 크기로 썬다.

03
볼에 게맛살, 양파, 마요네즈, 설탕, 레몬즙, 스리랏차 칠리소스를 넣고 섞는다.

04
아보카도는 껍질을 벗긴 뒤 씨를 제거하고 8등분한다.
★ 아보카도 손질하기 35쪽 참고

2단계: 샌드위치 완성하기

① 치아바타 한쪽 면에 게맛살 소를 1/4분량씩 올린다.

② 슈레드 피자 치즈를 1/4분량씩 올린다. 같은 방법으로 3개 더 만든다.

굽기 오븐 팬에 유산지를 깔고 치아바타를 올려 180℃ 오븐 (미니 오븐 170℃)의 가운데 칸에서 8분간 굽는다.

③

④ 아보카도를 2조각씩 올린다.

⑤ 고수를 올린다. 같은 방법으로 3개 더 만든다.

완성!

⭐ **Tip**
아보카도 제대로 고르기 껍질이 검은색을 띠며 윤기가 돌고 만졌을 때 딱딱하지 않고 말랑한 것이 잘 익은 것이다. 진녹색 아보카도는 덜 익은 것인데, 덜 익은 아보카도를 구입했다면 실온에서 2~3일 정도 두고 익혀서 사용한다.

세 가지 크림치즈 스프레드 토스트

한 통의 크림치즈로 세 가지 맛의 스프레드를 만들어보세요.
마늘, 양파와 햄, 파프리카로 들어가는 재료도 간단하지요.
구운 베이글, 식빵, 바게트 등 다양한 빵에 곁들이면 다른 속재료가
없이도 샌드위치가 완성된답니다.

구운 마늘 스프레드

파프리카 스프레드

볶은 햄양파 스프레드

chapter 4 홈 파티에 곁들이는 **오픈 샌드위치**

  15~20분
🧀 크림치즈 1통분량

구운 마늘 크림치즈 스프레드
☐ 마늘 5쪽
☐ 크림치즈 1/3통(65g)
☐ 식용유(포도씨유 또는 카놀라유) 1작은술

파프리카 크림치즈 스프레드
☐ 파프리카 1/4개(50g)
☐ 크림치즈 1/3통(65g)
☐ 식용유(포도씨유 또는 카놀라유) 1작은술

볶은 햄양파 크림치즈 스프레드
☐ 슬라이스 햄 1장(12g)
☐ 다진 양파 1/7개분(30g)
☐ 크림치즈 1/3통(65g)
☐ 식용유(포도씨유 또는 카놀라유) 1작은술

1단계 스프레드 및 속재료 준비하기

구운 마늘 크림치즈 스프레드 만들기

01

마늘은 편 썬다. 달군 팬에 식용유를 두르고 마늘을 올려 약한 불에서 3분간 굽는다. 구운 마늘은 키친타월에 올려 기름기를 제거한다.

02

구운 마늘은 잘게 다진다. 볼에 크림치즈와 함께 넣어 골고루 섞는다.

2단계: 샌드위치 완성하기

스프레드를 바를 빵 굽기
크림치즈 스프레드는 베이글처럼 담백한 빵이나 구운 식빵, 바게트처럼 바삭한 빵과 잘 어울린다. 빵을 구울 때는 달군 팬(그릴 팬)에 빵을 올리고 중간 불에서 앞뒤로 1분 30초씩 굽는다.

● 구운 빵에 구운 마늘 크림치즈 스프레드를 바른다.

● 구운 빵에 파프리카 크림치즈 스프레드를 바른다.

● 구운 빵에 볶은 햄양파 크림치즈 스프레드를 바른다.

파프리카 크림치즈 스프레드 만들기

01

파프리카를 잘게 다진다. 달군 팬에 식용유를 두르고 파프리카를 올려 약한 불에서 4분간 볶는다.

02

파프리카는 키친타월에 올려 기름기를 제거한 후 볼에 크림치즈와 함께 넣어 골고루 섞는다.

볶은 햄양파 크림치즈 스프레드 만들기

01

햄과 양파는 잘게 다진다. 달군 팬에 식용유를 두르고 햄과 양파를 올려 약한 불에서 4분간 볶는다.

02

구운 햄과 양파는 키친타월에 올려 기름기를 제거한 후 볼에 크림치즈와 함께 넣어 골고루 섞는다.

파인애플 햄치즈 오픈 샌드위치

파인애플은 구우면 더욱 달콤해지죠. 햄과 치즈를 넣은 샌드위치에 구운 파인애플을 올리고 새콤한 드레싱을 뿌린 샐러드와 함께 쓱쓱 썰어 먹는 간단하지만 폼 나는 오픈 샌드위치입니다.

새우 굴소스볶음 오픈 샌드위치

탱탱한 새우살을 감칠맛 나는 굴소스에 볶아 쫄깃한 바게트 위에 올린 샌드위치입니다. 한입 크기의 바게트 빵에 올려 카나페로 즐겨도 좋습니다.

파인애플 햄치즈 오픈 샌드위치

⏱ 15~20분
🥕 1개분

- ☐ 호밀 식빵(또는 식빵) 2장
- ☐ 슬라이스 햄 1장(12g)
- ☐ 슬라이스 치즈(체다) 1장
- ☐ 통조림 파인애플 링(또는 생 파인애플 링) 2조각(75g)
- ☐ 어린잎 채소 1/2줌(10g)
- ☐ 식용유(포도씨유 또는 카놀라유) 1작은술
- ☐ 설탕 1작은술
- ☐ 소금 약간

드레싱
- ☐ 설탕 2/3작은술
- ☐ 식초 1작은술
- ☐ 포도씨유(또는 카놀라유) 1/2작은술
- ☐ 소금 약간

스프레드
- ☐ 마요네즈 1큰술

1단계 스프레드 및 속재료 준비하기

01 달군 팬에 호밀 식빵을 올리고 중약 불에서 앞뒤로 1분 30초씩 구운 후 한 김 식힌다.

02 달군 팬에 식용유를 두르고 파인애플 링을 올려 설탕, 소금을 뿌린 뒤 중간 불에서 2분, 뒤집어서 1분간 굽는다.

03 볼에 드레싱 재료를 넣고 골고루 섞는다.

2단계: 샌드위치 완성하기

①  ②  ③  ④  ⑤ 완성!

① 2장의 식빵 한쪽 면에 마요네즈를 1/2큰술씩 바른다.
② 슬라이스 치즈를 올린다.
③ 마요네즈 바른 면이 위로 향하게 나머지 식빵을 올린다.
④ 슬라이스 햄과 파인애플 링을 올린다.
⑤ 어린잎 채소를 올리고 드레싱을 뿌린다.

새우 굴소스볶음 오픈 샌드위치

⏱ 15~20분
🥕 2개분

- ☐ 바게트 10cm 길이 1토막
- ☐ 냉동 생새우살 6마리(80g)
- ☐ 피망 1/2개(50g)
- ☐ 마늘 3쪽
- ☐ 마요네즈 1작은술
- ☐ 식용유(포도씨유 또는 카놀라유) 2작은술

양념
- ☐ 물 2큰술
- ☐ 설탕 2작은술
- ☐ 굴소스 4작은술
- ☐ 후춧가루 약간

1단계 스프레드 및 속재료 준비하기

01 바게트는 길이대로 2등분한다. 달군 그릴 팬(또는 팬)에 올려 중간 불에서 앞뒤로 40초씩 구워 한 김 식힌다.

02 냉동 생새우살은 옅은 소금물(물 2컵 + 소금 1/2작은술)에 10분간 담가 해동한 후 흐르는 물에 헹군다. 피망은 0.5cm 두께로 채 썰고 마늘은 편 썬다. 양념 재료를 골고루 섞는다.

03 달군 팬에 식용유를 두르고 새우살, 피망을 올려 중간 불에서 2분, 마늘을 넣고 1분간 더 볶는다. 양념을 넣어 1분간 볶는다.

2단계: 샌드위치 완성하기

①  ②  완성!

① 바게트 안쪽 면에 볶은 새우, 피망, 마늘을 1/2분량씩 올린다.
② 마요네즈 1/2작은술을 뿌린다. 같은 방법으로 1개 더 만든다.

미트소스 그라탱 오픈 샌드위치

아이들뿐만 아니라 어른들도 누구나 좋아하는 게 바로 미트소스죠? 미트소스와 치즈를 푸짐하게 얹어 구운 빵은 남녀노소 모두에게 사랑받는 메뉴랍니다.

chapter 4 홈 파티에 곁들이는 오픈 샌드위치

- 15~20분
- 1개분

- 치아바타(또는 미니 바게트) 1개
- 다진 쇠고기 80g
- 양파 1/7개(30g)
- 마늘 2쪽(또는 다진 마늘 1큰술)
- 슈레드 피자 치즈 1/2컵(50g)
- 파르미자노 치즈 10g(또는 파마산 치즈 가루 1과 1/4큰술)
  ★ 재료 설명 19쪽
- 토마토 스파게티 소스 5큰술
- 우유 2큰술
- 식용유(포도씨유 또는 카놀라유) 1큰술
- 소금 약간
- 후춧가루 약간
- 파슬리 가루 약간
  (장식용, 생략 가능)

1단계 : 스프레드 및 속재료 준비하기

01
오븐은 180℃(미니 오븐 170℃)로 예열한다. 치아바타 윗부분에 칼집을 넣어 속을 파낸다.

02
양파와 마늘을 잘게 다진다.

03
파르미자노 치즈는 강판에 갈거나 칼로 잘게 다진다.

04
달군 팬에 식용유를 두른 뒤 다진 쇠고기, 마늘, 양파를 넣고 소금, 후춧가루를 뿌린다. 갈색이 되도록 중간 불에서 1분 30초간 볶는다.

05
④의 팬에 토마토 스파게티 소스, 우유를 넣고 중약 불에서 1분 30초간 볶아 미트소스를 만든다.

2단계 : 샌드위치 완성하기

❶
치아바타 윗부분에 미트소스를 채운다.

❷
슈레드 피자 치즈를 올린다.

❸
파르미자노 치즈를 올린다.

❹
굽기 유산지를 깐 오븐 팬에 샌드위치를 올리고 180℃ 오븐(미니 오븐 170℃)의 가운데 칸에서 8분간 굽는다. 기호에 따라 파슬리 가루를 뿌린다.

완성!

Tip
오븐 대신 팬에서 조리할 경우? 굽기 전까지 완성한 샌드위치를 팬에 올려 뚜껑을 덮고 약한 불에서 3분간 치즈가 녹도록 굽는다. 또는 치아바타를 반으로 가른 후 미트소스, 슈레드 피자 치즈, 파르미자노 치즈를 올린 후 나머지 빵으로 덮고 핫 그릴 샌드위치로 팬에서 구워 즐겨도 좋다.

수란 훈제 연어 오픈 샌드위치

올리브유의 향이 좋은 부드러운 포카치아에 수란과 훈제 연어를 곁들여보세요.
담백하면서도 든든한 샌드위치로 즐길 수 있답니다.

chapter 4 홈 파티에 곁들이는 오픈 샌드위치

- 15~20분
- 1개분

- ☐ 포카치아 1개(또는 베이글, 치아바타 1/2개)
  ★ 재료 설명 15쪽
- ☐ 훈제 연어 슬라이스 2장(40g)
- ☐ 달걀 1개
- ☐ 루콜라 15g(또는 어린잎 채소 1줌) ★ 재료 설명 20쪽
- ☐ 적양파(또는 양파) 1/20개(10g)
- ☐ 레몬 1조각(생략 가능)
- ☐ 올리브유 1작은술
- ☐ 소금 약간
- ☐ 후춧가루 약간

스프레드
- ☐ 크림치즈 4작은술

1단계: 스프레드 및 속재료 준비하기

01

포카치아를 2등분한다.

02

루콜라는 흐르는 물에 씻은 후 체에 받쳐 물기를 뺀다. 적양파는 가늘게 채 썬다.

03

채 썬 적양파는 찬물에 담가 매운맛을 빼고 체에 받쳐 물기를 제거한다.

04

훈제 연어에 레몬즙을 뿌린다.

05

냄비에 물(4컵)을 붓고 약한 불에서 끓인다. 국자 안쪽에 식용유 1/3작은술을 골고루 바른 후 달걀을 깨뜨려 넣는다. 국자의 아랫면이 끓는 물에 닿도록 들고 3분간 익힌다.
★ 이때 물이 보글보글 끓지 않도록 약한 불로 끓인다.

06

달걀 흰자가 70~80% 정도 익으면 물에 완전히 담가 2분간 더 익힌다. 숟가락을 국자와 수란 사이에 넣어 달걀 노른자가 터지지 않도록 주의하며 꺼낸다.

2단계: 샌드위치 완성하기

① 포카치아에 크림치즈를 바른다.

② 루콜라를 올린다.

③ 훈제 연어 슬라이스를 올린다.

④ 수란을 올린다.

⑤ 양파를 올리고 올리브유, 소금, 후춧가루를 뿌린다.

완성!

피자 파티 브레드

커다란 빵에 벌집 모양으로 칼집을 낸 후 다양한 재료들을 풍성히 집어넣고 치즈를 듬뿍 올려 구웠답니다. 피자처럼 여러 명이 나눠 즐길 수 있으니 파티에 딱 어울리는 메뉴지요.

사과 셀러리 모히토
228쪽

chapter 4 홈 파티에 곁들이는 **오픈 샌드위치**

- ⏱ 20~25분
- 🍽 3~4인분

- ☐ 동그란 호밀빵(지름 25cm) 1개
- ☐ 양파 1/3개(70g)
- ☐ 슬라이스 햄 3장(36g)
- ☐ 옥수수 통조림 2큰술(20g)
- ☐ 블랙 올리브 5개(20g)
  ★ 재료 설명 23쪽
- ☐ 토마토 스파게티 소스 10큰술
- ☐ 슈레드 피자 치즈 2/3컵(65g)
- ☐ 식용유(포도씨유 또는 카놀라유) 2작은술
- ☐ 파슬리 가루 약간 (장식용, 생략 가능)

1단계 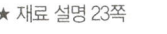 스프레드 및 속재료 준비하기

01

오븐은 180℃(미니 오븐 170℃)로 예열한다. 동그란 호밀빵의 위쪽에 격자 모양으로 2/3 깊이까지 칼집을 낸다.

02

양파는 0.5cm 두께로 채 썰고, 슬라이스 햄은 0.5cm 폭으로 채 썬다. 옥수수는 체에 밭쳐 물기를 빼고 블랙 올리브는 링으로 썬다.

03

달군 팬에 식용유를 두르고 양파를 넣어 중약 불에서 1분 30초간 볶는다.

04

③에 햄, 옥수수, 블랙 올리브와 토마토 스파게티 소스를 넣고 중약 불에서 1분 30초간 볶은 후 한 김 식힌다.

05

칼집을 낸 빵 사이사이에 ④를 골고루 채워 넣는다.

2단계: 샌드위치 완성하기

❶  슈레드 피자 치즈를 올린다.

❷  **굽기** 유산지를 깐 오븐 팬에 빵을 올리고 180℃ 오븐 (미니 오븐 170℃)의 가운데 칸에서 8분간 굽는다. 기호에 따라 파슬리 가루를 뿌린다.

 완성!

☆ **Tip**
다른 빵으로 응용하려면? 큰 호밀빵을 구하지 못했다면 바게트나 식빵을 이용해도 좋다. 1cm 두께로 길게 썬 바게트와 식빵 위에 토마토 스파게티 소스로 볶은 재료를 올린 후 슈레드 피자 치즈를 뿌려 오븐에서 같은 방법으로 굽는다.

+Recipe
칼로리 폭발 샌드위치

내 몸에는 미안하지만 내 입은 즐거운
칼로리 폭발 샌드위치

맛은 좋지만 높은 칼로리 때문에 먹으면서도 스트레스를 받은 적 있으신가요?
하지만 그 죄책감도 잠시, 한입만 베어 물면 칼로리 걱정을 싹 잊을 만큼 맛있는 샌드위치들을
소개합니다. 오늘은 실컷 즐기고 내일부터 열심히 운동하는 걸로~!

콤콤한 블루치즈에 열광하는 이들을 위한
블루치즈와 감자튀김버거

워낙 블루치즈를 좋아해 와인이나 빵에 곁들여 먹는 건 기본, 샐러드 드레싱, 심지어 바닐라 아이스크림에 버무려 먹기도 한답니다. 어느 날은 햄버거에 소스로 만들어 듬뿍 곁들여 보았죠. 친한 친구에게 이 야심 찬 메뉴를 먹이려고 미리 초대를 했고, 평소 제 음식을 좋아했던 친구는 기대에 부풀어 설레는 표정으로 한입 베어 먹었답니다. 그런데 아뿔싸! 친구의 반응은 제 기대와는 전혀 다르더라고요. "앗! 이게 뭐야? 냄새도 이상하고 맛도 이상해!! 이게 도대체 뭐야?" 예상치 못했던 친구의 반응에 이건 블루치즈고, 어쩌고 저쩌고 설명을 해주었죠. 그러고는 블루치즈와 잘 어울리는 달콤한 꿀을 살짝 뿌려주었더니 "이러니까 좀 낫네" 하고 다시 먹기 시작하더라고요. 그리고 "이거 은근 매력 있다~"라면서 언제 그렇게 호들갑을 떨었나 싶게 그 커다란 버거를 싹 먹어 치우더군요. 게다가 감자튀김을 남은 블루치즈소스에 듬뿍듬뿍 찍어 먹었죠. 그 친구를 생각하며 감자튀김과 블루치즈 스프레드를 듬뿍 넣어 만든 버거랍니다.

⏱ 30~35분
🥕 1인분

- ☐ 햄버거 빵 1개
- ☐ 감자 약 2/3개(170g)
- ☐ 슬라이스 햄 3장(36g)
- ☐ 녹말가루 1큰술
- ☐ 실온에 둔 버터 4작은술
- ☐ 식용유 4컵

블루치즈 스프레드
- ☐ 블루치즈 40g
  - ★ 재료 설명 19쪽
- ☐ 우유 1과 1/2큰술
- ☐ 올리고당 2작은술

01

작은 볼에 스프레드 재료를 넣고 골고루 섞는다.

02

햄버거 빵 안쪽에 버터를 2작은술씩 바른 뒤 달군 팬에 올려 중약 불에서 1분 30초간 구워 한 김 식힌다.

03

감자는 0.7cm 두께로 길쭉하게 썬 뒤 녹말가루에 버무린다.
★ 남은 감자튀김은 샌드위치에 곁들인다.

04

깊은 냄비에 식용유를 붓고 180℃로 달군 후 감자를 넣고 10분간 노릇하게 튀긴 다음 키친타월에 올려 기름기를 제거한다. 햄버거 빵의 안쪽 면에 각각 스프레드를 1/2 분량씩 바르고 완성 사진과 같이 재료를 올린다.
★ 사용한 기름 처리하기 35쪽 참고

칼로리 폭발
샌드위치

누가누가 많이 넣나~ 좋아하는 재료를 모두 넣고 만든
엑스트라 햄치즈 타워 샌드위치

⏰ 25~30분
🥕 1인분

- [ ] 치아바타 1개(또는 두꺼운 식빵 2장)
- [ ] 베이컨 긴 것 1과 1/2줄(18g)
- [ ] 프랑크 소시지 통통한 것 1개(70g)
- [ ] 슬라이스 햄 2장(24g)
- [ ] 달걀 1개
- [ ] 슬라이스 치즈(체다 또는 에담) 1장
- [ ] 토마토 슬라이스 2개
- [ ] 아보카도 1/4개(40g)
- [ ] 로메인(또는 상추) 1~2장(20g)
- [ ] 롤라로사(또는 적상추) 2장
- [ ] 실온에 둔 버터 4작은술
- [ ] 식용유(포도씨유 또는 카놀라유) 2작은술

렐리시 핑크 마요 스프레드

- [ ] 렐리시 2큰술
  ★ 재료 설명 22쪽
- [ ] 토마토케첩 2큰술
- [ ] 마요네즈 4큰술

01

작은 볼에 스프레드 재료를 넣고 골고루 섞는다.

02

치아바타는 2등분한 후 안쪽에 버터를 2작은술씩 바른다. 달군 팬에 치아바타를 올리고 중약 불에서 뒤집어가며 1분 30초간 구워 한 김 식힌다.

03

로메인, 롤라로사는 차가운 물에 씻은 후 체에 밭쳐 물기를 제거한다.

미국에서 학교 다닐 때였어요. 한 패스트푸드점에서 아침 식사로 소시지가 든 브렉퍼스트 샌드위치를 시켜놓고 기다리고 있었죠. 그때 제 옆으로 덩치가 저보다 서너 배는 되어 보이는 남자애가 오더니 베이컨, 소시지, 햄, 두가지 치즈, 아보카도를 모두 넣은 샌드위치를 주문하더군요. 일단 그 아이의 주문에 한 번 놀라고, 그걸 또 주문대로 만들어주는 음식점에 한 번 더 놀랐던 기억이 있어요. '저렇게 먹으니까 덩치가 크지' 하면서도, 다 넣어 먹으면 맛은 있겠다 싶더라고요. 그 때를 생각하며 맛있는 재료를 몽땅 넣어 만든 샌드위치랍니다.

04
토마토와 아보카도는 0.5cm 두께로 썬다. 베이컨은 2등분하고, 프랑크 소시지는 길게 어슷 썬다.
★ 아보카도 손질하기 35쪽 참고

05
달군 팬에 식용유를 두르고 달걀을 깨뜨려 올려 중간 불에서 1분 30초간 익힌 후 뒤집어 30초간 익혀 덜어둔다.

06
⑤의 팬에 베이컨, 소시지를 넣고 중간 불에서 3분간 뒤집어가며 구운 뒤 키친타월에 올려 기름기를 뺀다. 치아바타의 안쪽 면에 스프레드를 1/2 분량씩 바르고 완성 사진과 같이 재료를 쌓아 올린다.

> 칼로리 폭발
> 샌드위치

느끼한 샌드위치가 당길 때!
베이컨 패티 땅콩버터 햄버거

⏰ 30~35분
🥕 1인분

- ☐ 햄버거 빵 1개
- ☐ 다진 쇠고기 180g
- ☐ 베이컨 긴 것 4줄(48g)
- ☐ 양파링 슬라이스 1/2개분(100g)
- ☐ 토마토 슬라이스 2개
- ☐ 땅콩버터 2큰술
- ☐ 실온에 둔 버터 4작은술
- ☐ 식용유(포도씨유 또는 카놀라유) 4작은술
- ☐ 소금 1/2작은술
- ☐ 후춧가루 약간

01 햄버거 빵 안쪽에 버터를 2작은술씩 바른 뒤 달군 팬에 올려 중약 불에서 1분 30초간 구워 한 김 식힌다.

02 토마토와 양파는 0.8cm 두께로 썬다.

03 다진 쇠고기를 골고루 치댄 후 2등분하여 빵보다 지름이 1cm 정도 크게 둥글넙적한 패티를 만든다. 베이컨으로 패티의 옆면을 감싸고 소금(1/4작은술), 후춧가루를 뿌린다.

요리 학교에 다닐 때 수업 시간에 미국의 유명 햄버거들을 소개하는 영상을 본 적이 있는데요, 그중에 참 인상 깊은 것이 버터 햄버거였어요. 갓 구운 패티를 햄버거에 넣고 그 위에 노란 버터를 듬뿍, 아마도 밥 숟가락으로 네 술 정도는 올리더라고요. 그래서 사람들이 먹으면서 양손에 이어 팔꿈치까지 녹은 버터가 줄줄 흐르는 장면이 인상적이었죠. 살은 많이 찌겠지만, 버터의 고소한 맛과 패티의 맛이 어우러져 얼마나 맛있어 보이던지! 그 햄버거를 떠올리면서, 저는 땅콩버터를 듬뿍 곁들여 보았어요. 그리고 땅콩버터에 잘 어울리는 베이컨을 패티에 감아 만들었죠. 맛이 어떠냐고요? 드셔봐야 압니다!! 그 풍부하고 고소한 맛을!!!

04
달군 팬에 식용유 2작은술을 두르고 양파를 올려 소금(1/4작은술), 후춧가루를 뿌린 후 중약 불에서 3분간 뒤집어가며 굽는다.

05
달군 팬에 식용유 2작은술을 두르고 패티를 올려 중약 불에서 4분간 구운 후 뒤집어서 4분 더 굽는다. 나머지도 같은 방법으로 굽는다.
★ 식용유가 부족하면 더 넣어가며 굽는다.

06
패티를 다 구운 후 불을 끄고 패티 위에 땅콩버터를 1큰술씩 올려 살짝 녹인다. 햄버거 빵 위에 토마토, 양파, 패티 순으로 두 번 반복하여 올린 후 나머지 빵으로 덮는다.

칼로리 폭발 샌드위치

고기는 역시 씹는 맛! 칠리스테이크 샌드위치

제가 다니던 요리 학교 건물 1층에는 유명한 스테이크 레스토랑이 있었어요. 한번은 디저트 클래스가 있었던 날이라서 모두 허기진 상태로 가게 되었죠. 무슨 메뉴를 시킬까 하다가 식사거리도 되고 안주로도 좋은 스테이크 버거가 있기에 주문했는데요, 모두의 기대 속에 나온 스테이크 버거는 정말 실망 그 자체였어요. 왜냐하면 스테이크 버거의 주인공인 스테이크가 정말 아기 손가락만 한 작은 크기로 세 조각이 들어 있더라고요. 가뜩이나 배고팠던 우리에게 그보다 더 큰 실망감은 없었을 거예요. 그때의 서운하고 억울한 마음을 달래며 만들어본 리얼 스테이크 버거예요. '스테이크 버거라면 스테이크가 이 정도는 들어가야지!' 하고 말이죠.

⏰ 25~30분
🥕 1인분

- ☐ 호밀 식빵(또는 식빵) 2장
- ☐ 쇠고기 등심 150g
- ☐ 슬라이스 치즈
  (에담 또는 체다) 1장
- ☐ 슈레드 체다 치즈 30g(또는 채 썬 슬라이스 치즈 2장)
- ☐ 양파링 슬라이스 1/2개분(100g)
- ☐ 겨자 잎 2~3장(13g, 또는 양상추 1장)
- ☐ 할라피뇨 4개(생략 가능)
  ★ 재료 설명 23쪽
- ☐ 칠리 파우더(또는
  고운 고춧가루) 1/8작은술
  ★ 재료 설명 22쪽
- ☐ 식용유(포도씨유 또는
  카놀라유) 3작은술
- ☐ 소금 1/5작은술
- ☐ 후춧가루 약간

칠리 핑크 마요 스프레드
- ☐ 토마토케첩 1큰술
- ☐ 마요네즈 2큰술
- ☐ 칠리 파우더(또는
  고운 고춧가루) 1/4작은술
  ★ 재료 설명 22쪽

01

작은 볼에 스프레드 재료를 넣고 골고루 섞는다. 양파는 1cm 두께의 링 모양으로 썬다. 겨자 잎은 차가운 물에 씻어 체에 밭쳐 물기를 제거한다.

02

달군 그릴 팬(또는 팬)에 식빵을 올려 중간 불에서 앞뒤로 1분씩 노릇하게 구워 한 김 식힌다.

03

쇠고기 등심은 1cm 두께로 썬 후 칠리 파우더, 소금(1/5작은술), 후춧가루를 뿌려 밑간한다.

04 달군 팬에 식용유 1작은술을 두르고 양파를 올려 소금, 후춧가루 약간씩을 뿌린 후 중약 불에서 3분간 뒤집어가며 굽는다.

05 ④의 팬에 식용유 2작은술을 두르고 쇠고기를 올려 중간 불에서 2분, 뒤집어서 1분 더 구운 후 불을 끈다.

06 뜨겁게 구운 고기 위에 슬라이스 치즈, 슈레드 체다 치즈를 올려 살짝 녹인다. 2장의 식빵 한쪽 면에 스프레드를 1/2 분량씩 바르고 완성 사진과 같이 재료를 쌓아 올린다.

칼로리 폭발 샌드위치

달다구리 러버들을 위한
딸기 마시멜로 샌드위치

워낙 활동적이고 밖으로 다니는 걸 좋아하다 보니 미국에 있을 때 캠핑을 자주 다녔어요. 캠핑을 가면 자연을 만끽해서 좋은 것도 있지만, 밖에서는 뭘 만들어 먹어도 맛있고, 어떤 이야기를 해도 즐겁고, 가만히 있어도 그 시간이 참 행복하기 때문에 좋아했죠. 요리를 좋아하던 제 입장에서 재밌는 건, 캠핑을 갈 때마다 재밌는 요리가 하나씩 만들어진다는 점이었어요. 한번은 친구가 캠핑 오면서 집에서 처치 곤란인 딸기를 한 팩 들고 왔더라고요. 사실 미국의 딸기는 생으로 먹기에는 정말 맛이 없거든요. 캠핑장에 그런 맛없는 딸기를 한 팩 가지고

⏲ 20~25분
🥕 1인분

☐ 호밀빵 3cm 길이 1토막
  (또는 식빵 3장)
☐ 딸기 4~5개(120g)
☐ 마시멜로 18개(36g)

스프레드
☐ 초코크림(누텔라) 3큰술
  ★ 재료 설명 27쪽

01

오븐은 200℃(미니 오븐 190℃)로 예열한다. 호밀빵은 1cm 두께로 썬다.

02

딸기는 6등분한다.

온 친구에게 우리는 장난으로 핀잔을 주었는데, 갑자기 제가 가져간 마시멜로와 초코크림 스프레드가 떠오르더라고요. 빵을 썰어 초코크림을 듬뿍 바르고 그 위에 딸기를 잘게 썰어 올린 다음 꼬치에 끼워 구운 마시멜로를 넣고 빵을 덮어 먹었더니 그 새콤한 딸기가 부드럽게 녹은 마시멜로에 쏙쏙 안기면서, 초코크림과 어우러진 맛이, 정말!!! 한 순간에 딸기를 가져온 친구는 칭찬의 홍수 속에 행복해했던 기억이 나네요. 우리나라 딸기는 달고 맛이 좋아 그냥 먹어도 맛있지만 그때의 추억을 떠올리면서 만들어보았어요.

03

3장의 호밀빵 한쪽 면에 초코크림 1큰술씩을 바르고 마시멜로를 올린다.

04

오븐 팬에 유산지를 깔고 빵을 올린 후 200℃ 오븐(미니 오븐 190℃)의 가운데 칸에서 2분간 굽는다.

05

구운 마시멜로 위에 딸기를 1/3 분량씩 올린 후 나머지 빵과 마시멜로, 딸기를 겹쳐서 올린다.

chapter 5
누구나 좋아하는
개성 만점 브런치 메뉴

브렉퍼스트Breakfast와 런치Lunch의 합성어로 만들어진 브런치Brunch, 즉 느지막하게 일어나 여유 있게 즐기는 아침겸 점심 식사를 뜻하지요. 요즘은 브런치 전문점이 생길 정도로 인기를 끌고 있고 일반 카페에서도 대표적인 서양의 브런치 메뉴 2~3가지 정도는 갖추고 있을 만큼 많은 사람들이 즐기는 아이템이 되었지요. 브런치는 맛도 중요하지만 먹을 때의 분위기와 음식 세팅이 잘 갖춰져야 더욱 근사하게 느껴진답니다. 이러한 브런치의 맛과 분위기를 비싼 카페가 아닌, 집에서도 충분히 연출할 수 있답니다. 지은경의 개성이 그대로 녹아 있는 세련된 스타일의 브런치를 집에서도 즐겨보세요. 브런치를 더욱 예쁘고 먹음직스럽게 세팅하는 방법들도 소개하니 놓치지 마세요.

아몬드 프렌치토스트

아몬드 슬라이스를 듬뿍 묻혀서 더욱 고소한 프렌치토스트입니다. 속은 촉촉하고, 겉은 바삭하지요. 통식빵을 두툼하게 썰어서 만들면 더욱 폭신한 프렌치토스트를 즐길 수 있어요.

블루 레모네이드 228쪽

chapter 5 누구나 좋아하는 개성 만점 브런치 메뉴

- ⏰ 20~25분
- 🍴 1~2인분

- ☐ 통식빵 5cm 두께 1개
  (또는 바게트 3cm 두께 4개)
- ☐ 아몬드 슬라이스
  (또는 코코넛 슬라이스)
  3큰술(15g)

- ☐ 바나나 1개(100g)
- ☐ 달걀 1개
- ☐ 우유 약 1/4컵(65㎖)
- ☐ 생크림 약 3/4컵(130㎖)
- ☐ 설탕 1큰술

- ☐ 버터(또는 식용유) 1큰술
- ☐ 식용유(포도씨유 또는 카놀라유) 1큰술
- ☐ 메이플 시럽 약간
  (또는 꿀이나 시럽용 올리고당)
- ☐ 슈거 파우더 약간(장식용, 생략 가능)

1단계 브런치 만들기

01

통식빵은 5cm 두께로 두툼하게 썬 뒤 4등분한다.

02

볼에 달걀을 푼 후, 우유, 생크림, 설탕을 넣고 골고루 섞는다.

03

②의 달걀물에 식빵을 넣어 식빵 속까지 달걀물이 스며들도록 뒤집어가며 충분히 적신다.

04

넓은 접시에 아몬드 슬라이스를 뿌려놓고 ③의 식빵을 올려 아몬드 슬라이스를 골고루 묻힌다.

05

달군 팬에 버터, 식용유를 넣고 버터를 녹인다. 식빵을 올려 약한 불에서 위아래 면은 2분 30초씩, 옆면은 30초씩 굴려가며 굽는다.

06

프렌치토스트에 곁들일 바나나는 반으로 썬 후 길이대로 2등분한다.

2단계 브런치 폼 나게 세팅하기

접시에 프렌치토스트를 담고 **바나나**를 한쪽에 곁들인다. 고운 체에 **슈거 파우더**를 담고 토스트와 바나나 위에 뿌리면 한층 먹음직스럽게 차릴 수 있다. 또한 **메이플 시럽**을 토스트 위에 뿌리거나 작은 소스 볼에 따로 담아낸다.

⭐ **Tip**

기본 프렌치토스트 만들기 과정 ③번까지 같은 방법으로 만든 후 달군 팬에서 같은 방법으로 굽는다.
바나나 대신 유자청이나 무화과 컴포트(163쪽 참고)를 곁들여도 좋다.

리코타 치즈와 유자청을 곁들인 와플

리코타 치즈는 과일과 참 잘 어울리는 치즈죠.
향긋한 유자 향과 어우러져 흔히 먹던 와플과 다른
새로움을 선사합니다.

chapter 5 누구나 좋아하는 개성 만점 **브런치 메뉴**

⏱ 20~25분	☐ 중력분 4/5컵(85g)	☐ 달걀 1개	☐ 리코타 치즈
🍴 1~2인분	☐ 베이킹파우더 1/2큰술(6g)	☐ 우유 1/3컵(65g)	(또는 크림치즈) 1/3컵
	☐ 설탕 1작은술(3g)	☐ 식용유(포도씨유 또는	★ 재료 설명 19쪽
	☐ 소금 약간	카놀라유) 2작은술	
	☐ 버터 1큰술(15g)	☐ 유자청 2큰술	

1단계 브런치 만들기

 01

중력분, 베이킹파우더, 설탕, 소금을 함께 체 친다.

02

버터는 내열 용기에 담아 비닐 랩을 씌우고 전자레인지(700W)에 30초간 녹인 뒤 달걀, 우유와 함께 잘 섞는다.

 03

①의 볼에 ②를 붓고 골고루 섞어 반죽을 만든다.

04

와플 팬 안쪽에 식용유를 골고루 바른 뒤 약한 불에서 1분~1분 30초간 달군다.

 05

달군 와플 팬에 반죽을 붓고 팬을 닫은 뒤 중약 불에서 2분간 굽고 뒤집어서 30초간 굽는다. 와플 팬의 크기에 다라 2~3회 나눠 굽는다.
★ 와플 메이커를 이용해 구워도 좋다.

2단계 브런치 폼 나게 세팅하기

접시에 와플을 겹쳐서 담고 작은 소스 볼에 유자청과 **리코타 치즈**를 따로 담아 곁들인다. **애플민트** 같은 허브로 장식하거나 **제철 과일**을 함께 곁들여도 좋다.

☆ Tip
와플 반죽에 다른 재료 넣어 업그레이드하기 과정 ③번까지 동일한 반죽을 만든 후 다진 땅콩 2큰술을 넣어 구우면 땅콩 와플을 만들 수 있다. 또는 과정 ①번에서 중력분을 3/5컵으로 줄이고 찹쌀가루 1/5컵을 더해 반죽을 만들면 쫄깃한 식감의 찹쌀 와플을 만들 수 있다.

무화과 컴포트를 곁들인 팬케이크

말린 무화과는 와인과 함께 끓이면 쫄깃한 식감과 향미가 더욱 살아나지요.
이 무화과 컴포트를 부드러운 팬케이크에 곁들이면 어느 카페도 부럽지 않은
스타일리시한 메뉴가 된답니다.

chapter 5 누구나 좋아하는 개성 만점 브런치 메뉴

|  35~40분
2~3인분
(지름 10cm
약 5장분) | ☐ 중력분 4/5컵(85g)
☐ 베이킹파우더 1/2큰술(6g)
☐ 설탕 1작은술(3g)
☐ 소금 약간
☐ 버터 1큰술(15g) | ☐ 달걀 1개
☐ 우유 2/5컵(80g)
☐ 식용유(포도씨유 또는
　카놀라유) 1작은술 | ☐ 슈거 파우더 약간
　(장식용, 생략 가능)
☐ 애플민트 약간
　(장식용, 생략 가능)
★ 재료 설명 21쪽 | **무화과 컴포트**
☐ 말린 무화과 8개(50g)
☐ 레드 와인 3/4컵
　(150㎖)
☐ 설탕 1큰술 |

1단계 브런치 만들기

01
말린 무화과는 꼭지를 떼어내고 2등분한다.

02
냄비에 와인, 말린 무화과를 넣고 중간 불에서 끓인다. 가장자리가 끓으면 4분 20초간 저으며 끓인 후 설탕(1큰술)을 넣고 1분간 저어가며 조려 무화과 컴포트를 만든다.

2단계 브런치 폼 나게 세팅하기

접시에 팬케이크를 쌓아 담고 그 위에 **무화과 컴포트**를 올린다. 고운 체에 **슈거 파우더**를 담고 팬케이크 위에 뿌린 후 **애플민트**로 장식한다. 팬케이크가 눅눅해지는 것이 싫다면 무화과 컴포트는 따로 담아 찍어 먹어도 좋다.

03
중력분, 베이킹파우더, 설탕(1작은술), 소금을 함께 체 친다.

04
버터는 내열 용기에 담아 비닐 랩을 씌우고 전자레인지(700W)에 30초간 녹인 뒤 달걀, 우유와 함께 잘 섞는다.

05
③의 볼에 ④를 붓고 골고루 섞어 반죽을 만든다.

06
달군 팬에 식용유를 두른 후 키친타월로 골고루 펴 바른다. 팬케이크 반죽 1/5분량을 올리고 약한 불에서 윗부분에 구멍이 송송 날 때까지 2분 30초간 익힌 후 뒤집어 2분 더 굽는다. 나머지 반죽도 같은 방법으로 굽는다.

☆ Tip
팬케이크 반죽을 보관하려면? 만들어놓은 팬케이크 반죽은 냉장실에서 2~3일간 보관이 가능하다. 또한 가루 재료만 미리 섞어 보관해두었다가 필요할 때 버터, 달걀, 우유를 계량해 섞어 사용하면 편리하다.

블루베리 팬케이크

반죽에 블루베리를 넣고 함께 부친 팬케이크예요. 동글동글 박혀 있는 블루베리가 입안에서 터질 때마다 상큼함이 퍼지죠. 아이스크림과 고소한 피스타치오를 곁들여 더욱 즐거운 브런치 타임을 만들어보세요.

chapter 5 누구나 좋아하는 개성 만점 브런치 메뉴

- ⏱ 20~25분
- 🍽 2~3인분
  (지름 10cm
  약 6장분)

- ☐ 중력분 4/5컵(80g)
- ☐ 베이킹파우더 1/2큰술(6g)
- ☐ 설탕 1작은술(3g)
- ☐ 소금 약간
- ☐ 버터 1큰술(15g)

- ☐ 달걀 1개
- ☐ 우유 2/5컵(80g)
- ☐ 냉동 블루베리 약 1/2컵(50g)
- ☐ 식용유(포도씨유 또는 카놀라유) 1작은술

- ☐ 바닐라 아이스크림 1컵(생략 가능)
- ☐ 피스타치오(또는 아몬드 슬라이스) 15~20개(생략 가능)

1단계 브런치 만들기

01

중력분, 베이킹파우더, 설탕, 소금을 함께 체 친다.

02

버터는 내열 용기에 담아 비닐 랩을 씌우고 전자레인지(700W)에 30초간 녹인 뒤 달걀, 우유와 함께 잘 섞는다.

03

①의 볼에 ②를 넣고 섞어 반죽을 만든 후 블루베리를 넣어 가볍게 섞는다.

04

달군 팬에 피스타치오를 올려 중간 불에서 2분간 구운 후 굵게 다진다.

05

달군 팬에 식용유를 두른 후 키친타월로 골고루 펴 바른다. 팬케이크 반죽 1/6분량을 올린 후 약한 불에서 윗부분에 구멍이 송송 날 때까지 2분 40초간 익히고 뒤집어 2분 10초 더 굽는다. 나머지 반죽도 같은 방법으로 굽는다.

2단계 브런치 폼 나게 세팅하기

접시에 블루베리 팬케이크를 쌓아 담은 후 **아이스크림**을 위에 올리고 **다진 피스타치오**를 뿌린다. 아이스크림이 녹으면서 팬케이크를 더욱 촉촉하게 즐길 수 있다. 다진 피스타치오 대신 슬라이스 아몬드나 다진 호두를 뿌려도 좋다.

☆ **Tip**
팬케이크 반죽을 보관하려면? 만들어놓은 팬케이크 반죽은 냉장실에서 2~3일간 보관이 가능하다. 또한 가루 재료만 미리 섞어 보관해두었다가 필요할 때 버터, 달걀, 우유, 과일을 계량해 섞어 사용하면 편리하다. 블루베리 대신 바나나 1/2개, 냉동 망고 1/2컵, 딸기 2~3개 등을 굵게 다진 후 반죽에 넣어 같은 방법으로 팬케이크를 만들어도 맛있다.

셰퍼즈 파이

셰퍼즈 파이 Shepherd's Pie 는 영국의 대표 음식으로 다진 양고기를 볶은 후 부드러운 감자를 곁들여 구운 파이입니다. 원래는 양고기를 사용하지만, 여기서는 쉽게 구할 수 있는 쇠고기로 대체했지요. 부드러운 감자를 포크로 긁어 무늬를 내어 구우니 더욱 먹음직스럽네요.

chapter 5 누구나 좋아하는 개성 만점 브런치 메뉴

- 30~35분
- 1~2인분

- □ 감자 1과 1/4개(250g)
- □ 다진 쇠고기 90g
- □ 양파 1/3개(70g)
- □ 피망 1/3개(30g)
- □ 생크림(또는 우유) 1큰술

- □ 버터 1큰술
- □ 물 2큰술
- □ 토마토 스파게티 소스 5큰술
- □ 파슬리 가루 1/3작은술 (생략 가능)

- □ 다진 마늘 1작은술
- □ 소금 1/3작은술
- □ 후춧가루 약간
- □ 식용유(포도씨유 또는 카놀라유) 1큰술

1단계 브런치 만들기

01

오븐은 180℃(미니 오븐 170℃)로 예열한다. 감자는 껍질을 벗겨 큼직하게 썬 후 내열 용기에 담아 비닐 랩을 씌워 전자레인지(700W)에서 7분간 익힌다.

02

양파와 피망은 사방 1cm 크기로 썬다.

03

감자가 뜨거울 때 볼에 담고 으깬 후 생크림, 버터, 파슬리 가루, 소금(1/6작은술), 후춧가루를 넣어 섞는다.

04

달군 팬에 식용유를 두르고 다진 쇠고기, 양파, 피망, 다진 마늘을 넣고 소금(1/6작은술), 후춧가루를 뿌린 후 중약 불에서 3분간 볶는다.

05

④의 팬에 물(2큰술), 토마토 스파게티 소스를 넣고 1분 30초간 더 볶는다.

06

오븐 용기에 ⑤를 넣은 뒤 그 위에 ③의 으깬 감자를 채운다. 윗부분을 포크로 긁어 모양을 낸 다음 180℃ 오븐(미니 오븐 170℃)의 가운데 칸에서 10~12분간 굽는다.

2단계 브런치 폼 나게 세팅하기

식탁에 올릴 수 있는 오븐 용기에 구워 바로 내서 따뜻하게 즐길 수 있도록 한다. 먹기 전 감자 위에 **파슬리 가루**를 약간 뿌리면 더 먹음직스러워 보인다. 좀 더 넉넉하게 만들어 스테이크나 파스타를 먹을 때 사이드 메뉴로 준비해 여러 명이 나눠 먹어도 좋다.

☆ Tip
감자를 찜기나 냄비로 익히려면? 찜기를 이용할 경우 감자를 큼직하게 썬 후 김이 오른 찜기에 올려 뚜껑을 덮은 채 15~20분간 익힌다. 냄비를 이용할 때는 감자를 통으로 넣고 잠길 정도의 물과 소금 약간 넣은 후 뚜껑을 연 채로 센 불에서 끓어오르면 뚜껑을 덮고 중간 불로 줄여 25분간 더 삶으면 된다.

우에보스 란체로스

이름이 조금 생소하죠?
이 요리는 멕시코의 아침 메뉴로
또띠아에 매콤하게 볶은 콩, 달걀을
곁들인 것이랍니다.
브런치로 즐기기에 손색이 없지요.

chapter 5 누구나 좋아하는 개성 만점 **브런치 메뉴**

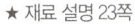

 20~25분
2인분

- 또띠야(6인치) 2장
- 달걀 2개
- 블랙빈 통조림 3큰술(60g)
  ★ 재료 설명 23쪽
- 아보카도 1/6개(25g)
- 양파 1/7개(30g)
- 방울토마토 2~3개

- 고수 1~2줄기(장식용, 생략 가능) ★ 재료 설명 21쪽
- 슈레드 피자 치즈 1/5컵(20g)
- 슬라이스 치즈(체다) 1장
- 토마토 스파게티 소스 2큰술
- 식용유(포도씨유 또는 카놀라유) 3작은술

- 칠리 파우더(또는 고운 고춧가루) 1/2작은술
  ★ 재료 설명 22쪽
- 소금 약간
- 후춧가루 약간
- 사워크림 약간(생략 가능)
  ★ 재료 설명 23쪽

1단계 브런치 만들기

01

블랙빈 통조림은 체에 밭쳐 국물을 거른다. 아보카도는 사방 1cm 크기로 썰고, 양파는 굵게 다진다.
★ 아보카도 손질하기 35쪽 참고

02

방울토마토는 4등분하고 고수는 굵게 다진다. 슬라이스 치즈는 채 썬다.

2단계 브런치 폼 나게 세팅하기

또띠야 위에 볶은 양파와 블랙빈을 올리고 달걀 프라이, 아보카도, 방울토마토, 고수를 올린다. 기호에 따라 **사워크림**이나 **요구르트 소스**(떠먹는 플레인 요구르트 6큰술 + 다진 양파 2큰술)를 곁들인다.

03

팬에 또띠야를 올리고 슈레드 피자 치즈, 슬라이스 치즈를 올린다. 약한 불에서 2분간 치즈가 녹을 정도로 굽는다.

04

달군 팬에 식용유 2작은술을 두르고 달걀을 깨뜨려 올려 중간 불에서 1분 30초간 익힌다.

05

달군 팬에 식용유 1작은술을 두른 뒤 양파를 넣고 칠리 파우더, 소금, 후춧가루를 뿌려 중간 불에서 1분 30초간 볶는다.

06

⑤에 블랙빈, 토마토 스파게티 소스를 넣고 중간 불에서 1분 더 볶는다.

☆ **Tip**
또띠야가 없다면? 또띠야 대신 식빵을 이용해도 된다. 달군 팬에 식빵을 올려 약한 불에서 뒤집어가며 3분간 구운 후 나머지 재료들을 올려 오픈 샌드위치로 즐겨도 좋다. 이때 슈레드 피자 치즈는 생략한다.

쇠고기 퀘사디야

대표적인 멕시코 요리인 퀘사디야^{Quesadillas}. 간단하게 만들 수 있어 브런치로 즐기기 딱 좋지요. 매콤한 칠리 파우더와 할라피뇨가 들어갔는데요, 아이들과 함께 먹는다면 생략하거나 맵지 않은 피망이나 파프리카로 대체하세요.

chapter 5 누구나 좋아하는 개성 만점 브런치 메뉴

 20~25분
1~2인분

- 또띠야(8인치) 1장
- 쇠고기 등심 50g
- 양파 1/5개(40g)
- 고수 2~3줄기(생략 가능)
  ★ 재료 설명 21쪽
- 할라피뇨 4~5개(생략 가능)

- 슈레드 피자 치즈 2/3컵(65g)
- 식용유(포도씨유 또는 카놀라유) 2작은술
- 칠리 파우더(또는 고운 고춧가루) 1/4작은술
  ★ 재료 설명 22쪽

- 소금 1/6작은술
- 후춧가루 약간

토마토 살사소스
★ 재료와 레시피는 아래 Tip 참고

1단계 브런치 만들기

01

양파는 0.5cm 폭으로 채 썬다.
고수는 잎만 뜯어 준비한다.

02

쇠고기는 결 반대 방향으로 길쭉하게 썬다.

03

달군 팬에 식용유를 두르고 양파와 쇠고기를 넣어 중간 불에서 1분 30초간 볶는다.
칠리 파우더, 소금, 후춧가루를 넣고 1분 더 볶는다.

04

다른 팬에 또띠야를 올리고 또띠야의 1/2 지점까지 슈레드 피자 치즈 1/2 분량을 올린 후 볶은 양파, 쇠고기, 할라피뇨를 올린다.
★ 또띠야 위에 재료를 올린 후 팬으로 옮기기가 힘드니 불을 켜지 않은 채 팬 위에 또띠야와 재료를 올린다.

05

④ 위에 고수를 올린다.

06

나머지 슈레드 피자 치즈를 올리고 또띠야를 접는다. 중약 불에서 뒤집개로 약하게 눌러가며 앞뒤로 1분 30초씩 굽는다.

2단계 브런치 폼 나게 세팅하기

반달 모양으로 접은 퀘사디아를 세모 모양으로 3등분해서 접시에 담는다.
토마토 살사소스나 **사워크림**을 곁들이면 더욱 푸짐하게 세팅할 수 있다. 사워크림 대신 떠먹는 플레인 요구르트 6큰술에 다진 양파 2큰술을 섞어 곁들여도 맛있다.

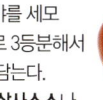

☆ Tip

쇠고기 퀘사디아에 곁들이는 토마토 살사 만들기 다진 방울토마토 5개분, 다진 양파 1큰술, 소금 1/4작은술, 레몬즙 1/4작은술, 다진 고수 1작은술, 다진 마늘 1/4작은술, 올리브유 1작은술, 후춧가루 약간을 볼에 담아 골고루 섞는다. 냉장실에 20분 정도 두었다가 곁들이면 더욱 맛있다.

크림소스 리가토니 그라탱

부드러운 크림소스에 앤초비를 넣어 감칠맛을 살린 그라탱이에요. 그라탱을 만들 때는 소스의 양이 너무 많지 않게 하는 것이 좋은데요. 오븐에서 조금 마른 듯이 구워야 파스타의 식감이 잘 살아나고 치즈의 맛도 제대로 느낄 수 있답니다.

chapter 5 누구나 좋아하는 개성 만점 브런치 메뉴

⏰ 25~30분
🍽 1~2인분

- 리가토니
  (또는 펜네나 푸실리) 90g
- 베이컨 긴 것 2줄(30g)
- 주키니 호박 약 1/10개(50g, 또는 애호박 1/5개)
- 파프리카 1/4개(50g)

- 마늘 2쪽
- 이탈리안 파슬리 2~3줄기
  (또는 파슬리 가루 1/4작은술, 생략 가능)
  ★ 재료 설명 21쪽
- 슈레드 피자 치즈 2/3컵(65g)

- 파르미자노 치즈 10g(또는 파마산 치즈 가루 1과 1/4큰술)
  ★ 재료 설명 19쪽
- 식용유(포도씨유 또는 카놀라유) 1큰술
- 생크림 1컵(200㎖)

- 앤초비 2쪽(4g)
  ★ 재료 설명 23쪽
- 소금 약간
- 후춧가루 약간

1단계 브런치 만들기

01

오븐은 180℃(미니 오븐 170℃)로 예열한다. 끓는 물(6컵)에 리가토니와 소금(1큰술)을 넣고 포장에 표시된 시간보다 3분 덜 삶는다.

02

주키니 호박, 파프리카는 한입 크기로 썬다. 마늘은 편 썰고, 베이컨은 2cm 폭으로 썬다.

03

이탈리안 파슬리는 잘게 다진다. 파르미자노 치즈는 강판에 갈거나 칼로 잘게 다진다.

04

달군 팬에 식용유를 두르고 베이컨과 주키니 호박, 파프리카, 마늘을 넣어 소금, 후춧가루를 뿌리고 중간 불에서 2분간 볶는다.

05

④의 팬에 생크림과 리가토니, 앤초비를 넣고 중간 불에서 3분간 볶는다. 부족한 간은 소금으로 맞춘다. ★ 앤초비는 볶으면서 으깨지니 따로 다지지 않아도 된다.

06

오븐 용기에 ⑤를 담고 슈레드 피자 치즈를 올린 뒤 파르미자노 치즈를 뿌린다. 180℃ 오븐(미니 오븐 170℃)의 가운데 칸에서 10분간 노릇하게 굽는다.

2단계 브런치 폼 나게 세팅하기

식탁에 올릴 수 있는 오븐 용기에 구워 바로 내서 따뜻하게 즐길 수 있도록 한다. 다진 **이탈리안 파슬리**나 파슬리 가루를 뿌려 먹음직스럽게 세팅한다.

☆ Tip
파이프 모양의 파스타, 리가토니(Rigatoni) 4cm 정도 길이의 짧고 굵은 국수 모양 파스타로 속이 비어 있는 것이 특징. 리가토니와 같이 속 빈 파스타는 소스가 속까지 잘 배어 진한 소스의 맛을 느끼고 싶을 때 선택하면 좋다.

시금치 샐러드 또띠야 피자

시금치 샐러드를 또띠야 구이에 곁들였어요.
또띠야를 적당히 잘라 시금치를 돌돌 말아
먹으면 손으로 먹는 샐러드 랩이 되죠.

chapter 5 누구나 좋아하는 개성 만점 브런치 메뉴

- ⏰ 20~25분
- 🍅 2인분

- ☐ 또띠야(8인치) 1장
- ☐ 시금치 1줌(50g)
  ★ 손대중량 34쪽
- ☐ 베이컨 긴 것 3과 1/2줄(42g)
- ☐ 양파 약 1/3개(70g)
- ☐ 슈레드 피자 치즈 2/3컵(65g)

- ☐ 파르미자노 치즈 8g
  (또는 파마산 치즈가루 1큰술)
  ★ 재료 설명 19쪽
- ☐ 식용유(포도씨유 또는 카놀라유) 2작은술
- ☐ 소금 약간

- ☐ 후춧가루 약간
- **방울토마토 드레싱**
- ☐ 방울토마토 3~4개(45g)
- ☐ 식초 1큰술
- ☐ 설탕 2작은술
- ☐ 소금 1/2작은술

- ☐ 식용유(포도씨유 또는 카놀라유) 2작은술
- ☐ 파슬리 가루 약간
  (생략 가능)

1단계 브런치 만들기

01

오븐은 180℃(미니 오븐 170℃)로 예열한다. 또띠야에 슈레드 피자 치즈를 고루 뿌린 뒤 예열한 오븐에서 5분간 굽는다.

02

드레싱용 방울토마토는 8등분한다.

2단계 브런치 폼 나게 세팅하기

접시에 치즈를 올려 구운 또띠야를 담고 시금치를 골고루 올린 후 볶은 베이컨과 양파를 곁들인다.
방울토마토 드레싱을 두르고 **파르미자노 치즈**를 골고루 뿌리면 완성. 또띠야에 재료를 올려 돌돌 말아 먹거나 피자처럼 미리 조각으로 잘라 나눠 담아 세팅해도 좋다.

03

작은 볼에 드레싱 재료를 넣고 골고루 섞는다.

04

시금치는 잎만 떼어내 흐르는 물에 씻은 뒤 체에 밭쳐 물기를 뺀다.

05

양파는 사방 1cm 크기로 썰고, 베이컨은 1cm 폭으로 썬다. 파르미자노 치즈는 강판에 갈거나 칼로 잘게 다진다.

06

달군 팬에 식용유를 두른 뒤 양파, 베이컨을 넣어 소금, 후춧가루를 뿌리고 중약 불에서 3분간 볶는다.

☆ Tip

생으로 즐기기 좋은 시금치 고르기 샐러드나 샌드위치에 들어가는 시금치를 고를 때는 잎이 작고 질기지 않은 시금치로 고르는 것이 좋다. 시금치 제철이 지나 구하기가 힘들다면 어린잎 채소로 대체해도 된다.

닭가슴살 채소 스튜

큼직하게 썬 채소를 듬뿍 넣어 푹 끓인 닭가슴살 스튜랍니다.
살짝 익힌 달걀에 빵을 찍어 먹으면 맛있고요, 닭고기와 채소를 건져
먹은 후 파스타를 삶아서 버무려 먹어도 좋습니다.

chapter 5 누구나 좋아하는 개성 만점 브런치 메뉴

 20~25분
2인분

- ☐ 닭가슴살 1과 1/2개(150g)
- ☐ 가지 1/3개(50g)
- ☐ 주키니 호박 1/5개(80g, 또는 애호박 1/3개)
- ☐ 양파 1/3개(70g)
- ☐ 마늘 1쪽
- ☐ 달걀 1개
- ☐ 파르미자노 치즈 4g
  (또는 파마산 치즈 가루 1/2큰술, 생략 가능)
  ★ 재료 설명 19쪽
- ☐ 식용유(포도씨유 또는 카놀라유) 1큰술
- ☐ 소금 약간
- ☐ 후춧가루 약간
- ☐ 물 1컵(200㎖)
- ☐ 토마토 스파게티 소스 6큰술
- ☐ 바질 약간(장식용, 생략 가능)
  ★ 재료 설명 21쪽

1단계 브런치 만들기

01

가지, 주키니 호박, 양파는 한입 크기로 썰고, 마늘은 편 썬다.

02

닭가슴살도 한입 크기로 썬다. 파르미자노 치즈는 강판에 갈거나 칼로 잘게 다진다.

03

달군 냄비에 식용유를 두르고 닭가슴살을 넣어 중간 불에서 1분 30초간 볶는다.

04

③에 가지, 주키니 호박, 양파, 마늘을 넣고 소금, 후춧가루를 뿌린 뒤 채소의 겉면이 노릇해지도록 1분 30초간 볶는다.

05

물(1컵), 토마토 스파게티 소스를 부은 뒤 센 불로 올려 끓어오르면 2분간 더 끓인다.

06

중간 불로 줄인 후 달걀을 깨뜨려 넣고 1분 30초간 끓여 반숙으로 익힌다.
★ 달걀을 완전히 익혀 먹으려면 뚜껑을 덮고 2분 익힌다.

2단계 브런치 폼 나게 세팅하기

작은 냄비에 스튜를 끓여 냄비째 세팅해 따뜻하게 즐기는 것이 좋다. 잘게 간 **파르미자노 치즈**와 **바질**을 곁들이면 풍미가 훨씬 풍성해진다.
바삭하게 구운 **바게트나 호밀빵**을 곁들여 스튜에 찍어 먹으면 더욱 든든한 브런치로 즐길 수 있다.

☆ Tip

닭고기 대신 해산물로 만들거나 채소로만 만들기 닭가슴살 대신 해동한 냉동 생새우살 8마리(150g)나 같은 분량의 모시조개를 과정 ⑤번에 넣어 끓인다. 간단하게 채소로만 끓이려면 150g 정도의 채소를 더 넣고 끓인다.

chapter 6
푸짐한 브런치를 완성하는
사이드 메뉴

브런치는 간단하게 즐기는 메뉴이지만 가족과 함께, 또는 친구들과 함께 좀더 풍성하게 먹고 싶다면 이 책에 소개한 샌드위치나 브런치 메뉴에 다양한 사이드 메뉴들을 더해보세요. 봄에는 싱싱한 채소로 만든 샐러드를, 추운 겨울에는 따뜻한 수프를, 배가 많이 고플 때는 감자 요리나 달걀 요리를, 브런치 후 즐거운 대화 시간에는 달콤한 과일 디저트를 곁들이는 것을 권합니다. 사이드 메뉴들을 종류별로 골고루 소개하면서, 각 메뉴에 어울리는 샌드위치와 브런치 메뉴들도 추천했어요. 물론 여기 소개한 사이드 메뉴들은 이 책 속의 대부분 메뉴들과 두루두루 어울리는 것들이니 추천한 메뉴 이외에도 기호에 따라 다양하게 조합해 즐기셔도 됩니다.

마늘 버섯 크림수프

버섯을 충분히 볶아 수분을 날리면 버섯의 향이 더욱 진해진답니다. 간단한 샌드위치와 따뜻한 수프 한 그릇이면 한 끼 브런치로 든든하지요.

chapter 6 푸짐한 브런치를 완성하는 사이드 메뉴

- 🕐 15~20분
- 🥕 2인분

- ☐ 양송이버섯 8개(160g)
- ☐ 양파 1/5개(40g)
- ☐ 마늘 4쪽
- ☐ 생크림 1컵(200㎖)
- ☐ 우유 3/4컵(150㎖)
- ☐ 파르미자노 치즈 8g
  (또는 파마산 치즈가루 1큰술)
  ★ 재료 설명 19쪽
- ☐ 식용유(포도씨유 또는 카놀라유) 1큰술
- ☐ 소금 1/4작은술(기호에 따라 가감)
- ☐ 후춧가루 약간
- ☐ 파슬리 가루 약간
  (장식용, 생략 가능)

01 양송이버섯은 0.3cm 두께로 썬다.

02 양파는 가늘게 채 썰고, 마늘은 편 썬다.

03 파르미자노 치즈는 필러로 슬라이스하거나 칼로 얇게 저민다.

04 달군 팬이나 냄비에 식용유를 두른 뒤 버섯, 양파, 마늘을 넣고 소금, 후춧가루를 뿌린다. 중간 불에서 5분간 갈색이 나도록 볶는다.

05 ④에 생크림과 우유를 붓고 핸드 블렌더로 곱게 간다.
★ 믹서로 갈 경우 한 김 식힌 후에 부어 곱게 간다.

06 중약 불에서 끓어오르면 2분간 끓인 후 불을 끄고 파르미자노 치즈를 넣는다. 부족한 간을 소금으로 맞춘 후 볼에 담고 파슬리 가루를 뿌린다.

어울리는 샌드위치와 브런치

특유의 진한 크림 풍미가 있는 수프이기 때문에, 치즈나 고기를 많이 넣은 무거운 맛의 샌드위치보다 채소를 듬뿍 넣은 가벼운 맛의 샌드위치가 잘 어울린다. 또한 매콤하거나 향신료 맛이 강한 샌드위치에 곁들이면 수프의 고소하고 부드러운 맛과 조화를 이루어 두 메뉴 모두 맛있게 즐길 수 있다.

클럽 샌드위치 40p

베트남풍 돼지고기 샌드위치 68p

매콤한 버섯 샌드위치 74p

블랙빈 살사 그릴 샌드위치 102p

☆ Tip

다른 버섯으로 응용하기 양송이버섯 대신 표고버섯(6개)을 사용하면 깊은 향과 진한 맛을 낼 수 있다. 또한 새송이버섯(2개)이나 느타리버섯(3줌)을 넣으면 맛과 향이 부드러워 버섯을 싫어하는 아이들에게도 거부감 없이 먹일 수 있다.

대파 크림수프

대파는 많은 음식에 사용되어 늘 냉장고 속에 있는 식재료지요. 대파의 흰 부분을 송송 썰어 볶으면 단맛이 살아나는데요. 우유와 생크림을 넣고 수프로 끓이면 향긋하고 부드러운 수프가 된답니다. 냉장고 속 대파로 간단하게 만들어보세요.

chapter 6 푸짐한 브런치를 완성하는 **사이드 메뉴**

- ⏱ 15~20분
- 🍴 2인분

- ☐ 대파 흰 부분 10cm 4개(80g)
- ☐ 마늘 2쪽
- ☐ 우유 3/4컵(150㎖)
- ☐ 생크림 1컵(200㎖)
- ☐ 식용유(포도씨유 또는 카놀라유) 1큰술
- ☐ 소금 1/3작은술(기호에 따라 가감)
- ☐ 후춧가루 약간

01

대파는 송송 썰고, 마늘은 편 썬다.

02

달군 냄비에 식용유를 두른 뒤 대파와 마늘을 넣고 소금, 후춧가루를 뿌린다. 중약 불에서 4분간 볶는다.

03

믹서에 볶은 대파와 마늘을 넣고 우유를 부어 곱게 간다.
★ ②의 냄비에 우유를 붓고 핸드 블렌더로 갈아도 좋다.

04

③을 다시 냄비에 붓고 생크림을 넣어 중간 불에 올린다. 끓어오르면 약한 불로 줄여 3분간 더 끓인다. 부족한 간은 소금으로 맞춘다.

어울리는 샌드위치와 브런치

대파의 은은한 단맛이 더해진 깔끔한 맛의 크림수프로, 맛이 강하고 기름진 속재료나 소스를 넣은 샌드위치보다 **채소, 해산물, 토마토소스, 바질 페스토 소스**(바질 허브에 다진 마늘, 잣, 올리브유 등을 넣고 곱게 간 것) 등이 넉넉히 들어간 가볍고 담백한 맛의 **샌드위치**와 잘 어울린다.

단호박 아몬드 샌드위치
38p

루콜라 프로슈토 샌드위치
52p

연어 크림치즈 샌드위치
54p

카프레제 샌드위치
64p

구운 채소 데리야키 샌드위치
86p

☆ Tip
우유와 생크림으로 맛 조절하기 크림수프를 끓일 때는 우유와 생크림의 양으로 맛을 조절할 수 있다. 가볍고 담백한 맛을 원한다면 생크림 양 대신 우유의 양을 늘린다. 단, 생크림을 너무 적게 넣거나 우유로 모두 대체하면 고소한 맛과 풍미가 줄어들고 농도는 묽어지니 주의한다.

멕시칸 칠리 수프

매콤하게 즐기는 진하고 걸쭉한 수프입니다. 수프만 먹어도 좋고 나초나 구운 또띠야를 곁들여도 잘 어울려요. 기호에 따라 슬라이스 치즈, 고수, 사워크림을 곁들여 남미의 맛을 즐겨보세요.

chapter 6 푸짐한 브런치를 완성하는 사이드 메뉴

⏱ 15~20분
👥 2인분

- ☐ 다진 쇠고기 100g
- ☐ 블랙빈 통조림 5큰술(100g)
  ★ 재료 설명 23쪽
- ☐ 양파 1/7개(30g)
- ☐ 셀러리 줄기 10cm(15g)
- ☐ 고수 2~3줄기(생략 가능)
  ★ 재료 설명 21쪽
- ☐ 슬라이스 치즈(체다) 1장
- ☐ 칠리 파우더(또는 고운 고춧가루) 1작은술
  ★ 재료 설명 22쪽
- ☐ 다진 마늘 1/2작은술
- ☐ 물 1과 1/2컵(300㎖)
- ☐ 토마토 스파게티 소스 6큰술
- ☐ 식용유(포도씨유 또는 카놀라유) 1큰술
- ☐ 소금 1/4작은술(기호에 따라 가감)
- ☐ 후춧가루 약간
- ☐ 사워크림 약간(생략 가능)
  ★ 재료 설명 23쪽

01

양파와 셀러리는 사방 0.5cm 크기로 썬다.

02

블랙빈 통조림은 체에 밭쳐 물기를 빼고, 고수는 잎만 굵게 채 썬다. 슬라이스 치즈는 채 썬다.

03

달군 팬에 식용유를 두르고 다진 쇠고기, 양파, 셀러리, 칠리 파우더, 다진 마늘을 넣고 소금, 후춧가루를 뿌린 후 중약 불에서 3분간 볶는다.

04

③에 블랙빈, 물(1과 1/2컵), 토마토 스파게티 소스를 넣고 중강 불로 올려 끓어오르면 3분간 끓인다.

05

④를 그릇에 담고 슬라이스 치즈, 고수, 사워크림을 곁들인다.

> 어울리는 샌드위치와 브런치
>
> 입안에 착 감기는 자극적인 맛이 특징인 멕시칸 칠리 수프에는 부드러운 맛의 샌드위치가 잘 어울린다. 특히 달걀이나 감자, 닭가슴살 등으로 속을 채운 담백한 맛의 샌드위치라면 맛이 더욱 잘 어울릴 것이다.

달걀 샌드위치 38p

감자 베이컨 샌드위치 46p

시금치 스크램블드에그 샌드위치 50p

모닝 샌드위치 66p

고구마 그릴 샌드위치 90p

✩ Tip
파스타를 넣어 푸짐하게 즐기려면? 스파게티 면 20g을 3cm 길이로 자른 뒤 끓는 소금물(5컵 + 소금 2작은술)에 넣어 6분간 삶아 건진 후 ④번 과정에 블랙빈과 함께 넣고 끓인다. 스파게티 대신 마카로니, 푸실리, 펜네 등 쇼트 파스타(Short pasta)를 이용하면 더 편하다.

토마토 굴 수프

시원한 굴의 향이 좋은 수프랍니다. 이 수프는 간을 강하지 않게 해야 굴의 제맛을 느낄 수 있어요. 바질 페스토는 마지막에 넣어야 향긋한 향이 살아나지요. 생굴은 겨울에만 먹을 수 있으니 다른 계절에는 조개나 새우로 대체해서 끓이세요.

chapter 6 푸짐한 브런치를 완성하는 사이드 메뉴

⏱ 15~20분
🍴 2인분

- ☐ 봉지 굴 1봉(200g)
- ☐ 토마토 1개(작은 것, 100g)
- ☐ 양파 1/4개(50g)
- ☐ 마늘 1쪽
- ☐ 토마토 스파게티 소스 2큰술
- ☐ 크러시드 페퍼 1/4작은술
   (또는 다진 청양고추 1/3개분)
   ★ 재료 설명 22쪽
- ☐ 타임(또는 파슬리) 2줄기
   (생략 가능) ★ 재료 설명 21쪽
- ☐ 물 2컵(400㎖)
- ☐ 바질 페스토 1큰술
   ★ 재료 설명 26쪽
- ☐ 식용유(포도씨유 또는
   카놀라유) 2큰술
- ☐ 소금 1/4작은술(기호에 따라 가감)
- ☐ 후춧가루 약간

01 토마토와 양파는 사방 1.5cm 크기로 썰고, 마늘은 편 썬다.

02 볼에 물 3컵과 소금 1큰술, 굴을 담고 살살 흔들어 씻는다. 씻은 굴은 체에 밭쳐 흐르는 물에 헹군 다음 물기를 뺀다.

03 달군 팬에 식용유 1큰술을 두르고 양파, 마늘을 넣어 향이 나도록 중강 불에서 1분간 볶는다.

04 ③에 식용유 1큰술을 더 두르고 토마토, 토마토 스파게티 소스, 크러시드 페퍼, 타임, 소금(1/4작은술), 후춧가루를 넣고 1분간 더 볶는다.

05 굴을 넣고 센 불로 올려 30초간 더 볶다가 물(2컵)을 붓고 끓어오르면 3분간 더 끓인다.

06 바질 페스토를 넣고 30초간 더 끓인다. 불을 끄고 부족한 간은 소금으로 맞춘다.

어울리는 샌드위치와 브런치

해산물이 듬뿍 들어가 시원한 맛이 일품인 토마토 굴 수프에는 조금 크리미(Creamy)한 메뉴가 잘 어울린다. 치즈를 듬뿍 넣은 샌드위치나 치즈 또는 크림소스로 맛을 낸 브런치 메뉴 등이 특히 잘 맞는다. 반면 토마토소스 맛이 강한 샌드위치는 두 메뉴의 맛이 비슷해 별로 권하지 않는다.

게맛살 샌드위치 42p

고르곤졸라 호두 그릴 샌드위치 92p

크로크무슈 100p

블루치즈 감자튀김버거 146p

크림소스 리가토니 그라탱 172p

☆ **Tip**

굴 대신 다른 해산물 활용하기 굴 대신 사계절 내내 구할 수 있는 냉동 생새우살이나 조개를 이용해도 된다. 해감 조개 1봉(200g) 또는 냉동 생새우살 8마리(120g)를 ⑤번 과정에서 굴 대신 넣으면 된다.

루콜라 잣 샐러드

깔끔한 맛이 필요할 때 곁들이면 좋은 샐러드예요.
아삭하고 향이 좋은 루콜라와 고소한 잣에 새콤한
드레싱을 더해 어떤 샌드위치와도 잘 어울린답니다.

chapter 6 푸짐한 브런치를 완성하는 사이드 메뉴

⏱ 15~20분
🍴 2인분

- 루콜라 1줌(50g, 또는 로메인 3~4장) ★ 재료 설명 20쪽
- 적양파(또는 양파) 1/10개(20g)
- 잣(또는 아몬드 슬라이스) 1큰술
- 파르미자노 치즈 8g (또는 파마산 치즈가루 1큰술) ★ 재료 설명 19쪽

발사믹 드레싱
- 설탕 1큰술
- 다진 양파 1큰술
- 발사믹 식초 3큰술 ★ 재료 설명 22쪽
- 소금 1/2작은술
- 올리브유 2큰술

01

작은 볼에 드레싱 재료를 넣어 골고루 섞는다.

02

루콜라는 흐르는 물에 씻고 체에 받쳐 물기를 뺀다.

03

적양파는 가늘게 채 썰어 찬물에 담갔다가 체에 받쳐 물기를 제거한다.

04

파르미자노 치즈는 필러로 슬라이스하거나 칼로 얇게 저민다.

05
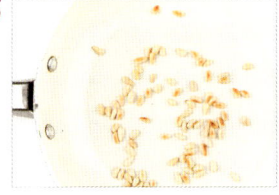
달군 팬에 잣을 올려 중간 불에서 2분간 노릇하게 볶은 뒤 식힌다.

06

잣을 접시에 담고 키친타월을 올려 손으로 꾹꾹 눌러가며 으깬다. 준비한 재료를 접시에 골고루 담고 드레싱을 곁들인다.
★ 잣을 손으로 으깨어 넣으면 샐러드와 더 잘 어우러진다.

☆ **Tip**
이 샐러드에 어울리는 또 다른 드레싱 2가지
1. **마늘 홍초 드레싱 만들기** 다진 홍고추 1큰술 + 홍초 3큰술(또는 식초 2큰술 + 설탕 1큰술) + 설탕 2작은술 + 소금 1/2작은술 + 다진 마늘 1/2작은술 + 포도씨유(또는 카놀라유) 1큰술
2. **매실청 드레싱 만들기** 설탕 1/2큰술 + 다진 양파 1큰술 + 식초 1큰술 + 매실청(또는 유자청) 4큰술 + 소금 1/2작은술 + 다진 마늘 1/2작은술 + 포도씨유(또는 카놀라유) 1큰술

어울리는 샌드위치와 브런치

깔끔한 맛의 발사믹 드레싱을 뿌린 샐러드는 어떤 샌드위치에나 잘 어울린다. 단, 이 드레싱은 맛이 새콤달콤하고 강한 편이니 비슷하게 강한 맛의 소스를 쓴 메뉴는 피하도록 한다.

고르곤졸라 호두 그릴 샌드위치 92p

세 가지 치즈와 사과 처트니 그릴 샌드위치 94p

크로크마담 100p

크로크무슈 100p

크림소스 리가토니 그라탱 172p

189

로메인 사과 샐러드

아삭한 로메인에 달콤한 사과와 고소한 호두를 곁들인 간단한 샐러드입니다. 사과와 양파를 갈아 드레싱을 만들어 곁들이니 더욱 상큼하네요.

양상추 참치 샐러드

양상추를 큼직하게 썰어 기름기를 쏙 뺀 참치와 양파를 곁들여 함께 썰어 먹는 샐러드입니다. 알싸한 연고추냉이가 들어간 드레싱을 뿌리니 입맛을 더욱 돋워주네요.

chapter 6 푸짐한 브런치를 완성하는 사이드 메뉴

로메인 사과 샐러드

⏱ 10~15분
🥕 2인분

- ☐ 로메인 5~6장(60g, 또는 양상추 4장)
- ☐ 사과 3/4개(120g)
- ☐ 양파 약 1/7개(30g)
- ☐ 호두 5개

사과 드레싱
- ☐ 사과 3/4개(120g)
- ☐ 양파 약 1/7개(30g)
- ☐ 설탕 1큰술
- ☐ 식초 2큰술
- ☐ 소금 1/2작은술
- ☐ 포도씨유(또는 카놀라유) 4큰술

01 포도씨유를 제외한 드레싱 재료는 믹서에 넣고 간 뒤 포도씨유를 넣고 섞는다.

02 로메인은 차가운 물에 씻은 후 체에 받쳐 물기를 빼고 한입 크기로 썬다. 사과는 씨를 제거한 후 반달 모양으로 얇게 썰고, 양파는 가늘게 채 썬다.

03 호두는 4등분한다. 달군 팬에 호두를 올려 중간 불에서 2분간 노릇하게 볶는다. 접시에 로메인, 사과, 양파, 호두를 담고 드레싱을 뿌린다.

어울리는 샌드위치와 브런치

깔끔하고 개운한 맛의 샐러드라서 특히 버터나 마요네즈, 치즈, 고기 등을 넣은 기름진 메뉴에 곁들이기 좋다. 칼로리 걱정도 덜어주니 좀더 저칼로리 브런치를 준비하고픈 이들에게는 사이드 메뉴로 강추!

엘비스 샌드위치	베트남풍 돼지고기 샌드위치	태국풍 쇠고기 그릴 샌드위치	엑스트라 햄치즈 타워 샌드위치	베이컨패티 땅콩버터 햄버거
48p	68p	112p	148p	150p

양상추 참치 샐러드

⏱ 10~15분
🥕 2인분

- ☐ 양상추 1/3통(200g)
- ☐ 참치 통조림 1캔 (작은 캔, 100g)
- ☐ 적양파(또는 양파) 약 1/7개(30g)

연고추냉이 마요 드레싱
- ☐ 다진 양파 2큰술
- ☐ 마요네즈 6큰술
- ☐ 설탕 4작은술
- ☐ 식초 4작은술
- ☐ 연고추냉이 4작은술

01 볼에 드레싱 재료를 넣고 골고루 섞는다.

02 양상추는 지저분한 잎을 떼어내고 반으로 갈라 통째로 찬물에 담갔다가 건져 모양이 흐트러지지 않게 체에 받쳐 물기를 제거한다.

03 참치는 체에 받쳐 기름기를 제거하고, 양파는 가늘게 채 썬다. 접시에 양상추를 담고 참치, 양파를 올린 뒤 드레싱을 뿌린다.

어울리는 샌드위치와 브런치

아삭한 식감과 수분감이 청량한 양상추 샐러드에는 묵직한 고기가 주재료인 샌드위치나 브런치 메뉴가 잘 어울린다. 따뜻하게 먹는 핫 그릴 샌드위치에 곁들이면 피클이나 할라피뇨를 대체할 수 있다.

볶은 양파 핫도그	카레 향 닭안심 샌드위치	미트볼 그릴 샌드위치	피자 파티 브레드	쇠고기 퀘사디야
60p	78p	114p	144p	170p

채소 커리 쿠스쿠스 샐러드

쿠스쿠스는 파스타의 한 종류인데 주로 샐러드로 많이 즐기지요. 포만감이 있는 샐러드라 가벼운 샌드위치에 곁들이면 좋답니다.

chapter 6 푸짐한 브런치를 완성하는 사이드 메뉴

⏰ 15~20분
🍴 2인분

- [ ] 쿠스쿠스 1컵(135g)
  ★ 재료 설명 23쪽
- [ ] 그린빈(줄기콩) 10개(50g)
  ★ 재료 설명 21쪽
- [ ] 방울토마토 7~8개(105g)
- [ ] 이탈리안 파슬리 1~2줄기
  (또는 파슬리 가루 1/2작은술,
  생략 가능) ★ 재료 설명 21쪽
- [ ] 물 2/3컵(135㎖)
- [ ] 버터 1큰술(10g)
- [ ] 커리 파우더(또는
  일반 카레가루) 3/4작은술
  ★ 재료 설명 22쪽
- [ ] 소금 1/4작은술
- [ ] 올리브유 2큰술

01

그린빈은 2등분하고 방울토마토는 4등분한다. 이탈리안 파슬리는 잎만 뜯어둔다.

02

끓는 소금물(물 3컵 + 소금 1작은술)에 그린빈을 넣고 1분간 데친다. 찬물에 헹군 뒤 체에 밭쳐 물기를 뺀다.

03

냄비에 물(2/3컵)을 붓고 중간 불에서 끓어오르면 버터, 쿠스쿠스를 넣어 가볍게 섞은 후 불을 끈다. 뚜껑을 덮고 5분간 뜸 들인다.

04

냄비 뚜껑을 열고 포크로 쿠스쿠스를 골고루 뒤적인다.

05

④에 커리 파우더, 소금, 올리브유를 넣고 골고루 섞는다.

06

그린빈, 방울토마토, 이탈리안 파슬리를 넣고 골고루 섞는다.

⭐ **Tip**
씨앗 모양의 가장 작은 파스타, 쿠스쿠스(Couscous) 지중해 지방에서 주식으로 먹는 음식으로, 파스타의 재료인 듀럼밀로 만들어 '가장 작은 파스타'라고 불리기도 한다. 다른 파스타에 비해 열량이 낮아 다이어트식으로 즐기면 좋다. 또한 과정 ③, ④처럼 익힌 후 닭가슴살 채소 스튜(176쪽) 또는 멕시칸 칠리 수프(184쪽)에 넣어 버무려 먹어도 좋다. 코스트코, 백화점 수입 식품 코너, 인터넷 수입 식재료상에서 구입할 수 있다.

어울리는 샌드위치와 브런치

이 샐러드는 맛이 담백하고 깔끔해 소스 맛이 진한 샌드위치나 국물이 있는 브런치 메뉴와 잘 어울린다. 쿠스쿠스가 탄수화물이 풍부한 재료이니 고기나 치즈, 채소 등을 채운 메뉴에 곁들이면 영양적으로도 좋다.

바비큐 치킨 샌드위치
70p

페스토 쇠고기 샌드위치
76p

푸타네스카 그릴 샌드위치
106p

미트볼 그릴 샌드위치
114p

닭가슴살 채소 스튜
176p

모둠 채소 오븐구이

냉장고 속 자투리 채소를 이용해서 후다닥 만들 수 있는 곁들임 메뉴입니다.
알싸한 씨겨자에 버무려 오븐에 굽기만 하면 되니 더욱 간단하지요.

chapter 6 푸짐한 브런치를 완성하는 사이드 메뉴

- ⏰ 20~25분
- 🥕 2인분

- ☐ 콜리플라워(또는 브로콜리) 약 1/2개(90g)
- ☐ 주키니 호박 1/6개 (80g, 또는 애호박 1/3개)
- ☐ 적양파(또는 양파) 1/3개(75g)
- ☐ 방울토마토 5~6개
- ☐ 파르미자노 치즈 약간 (또는 파마산 치즈 가루, 생략 가능) ★ 재료 설명 19쪽
- ☐ 씨겨자(또는 머스터드) 2작은술 ★ 재료 설명 27쪽
- ☐ 식용유(포도씨유 또는 카놀라유) 2큰술
- ☐ 후춧가루 약간
- ☐ 발사믹 글레이즈 1작은술 (생략 가능) ★ 재료 설명 22쪽
- ☐ 파슬리 가루 약간 (장식용, 생략 가능)

01
오븐은 220℃(미니 오븐 210℃)로 예열한다. 콜리플라워, 주키니 호박, 양파는 한입 크기로 썬다.

02
파르미자노 치즈는 필러로 슬라이스하거나 칼로 얇게 저민다.

03
볼에 채소를 모두 담고 씨겨자, 식용유, 후춧가루를 넣어 버무린다.

04
유산지를 깐 오븐 팬에 ③을 펼쳐 담고 220℃ 오븐 (미니 오븐 210℃)의 가운데 칸에서 15분간 굽는다. 접시에 담고 파르미자노 치즈, 발사믹 글레이즈를 곁들이고 파슬리 가루를 뿌린다.

어울리는 샌드위치와 브런치

따뜻하고 촉촉한 모둠 채소 오븐구이는 모든 샌드위치나 브런치 메뉴에 곁들이기 좋다. 영양적인 균형을 위해 고기를 넣은 샌드위치나 단호박, 고구마, 감자 등 탄수화물 재료로 속을 채운 샌드위치에 곁들이면 특히 잘 어울린다.

단호박 아몬드 샌드위치 38p

미트소스 그라탱 오픈 샌드위치 140p

칠리스테이크 샌드위치 152p

셰퍼즈 파이 166p

쇠고기 퀘사디야 170p

그린빈 마늘볶음

그린빈을 살짝만 볶아 아삭하게 씹는 맛을 살린 볶음이랍니다. 마늘과 베이컨을 함께 넣어 풍미를 더했지요. 그린빈 대신 아스파라거스를 사용해도 잘 어울립니다.

chapter 6 푸짐한 브런치를 완성하는 *사이드 메뉴*

- ⏱ 10~15분
- 🥕 2인분

- ☐ 그린빈(줄기콩) 25~30개 (145g, 또는 아스파라거스 10~15개)
- ☐ 마늘 4쪽
- ☐ 베이컨 긴 것 3줄(36g)
- ☐ 식용유(포도씨유 또는 카놀라유) 1큰술
- ☐ 소금 1/6작은술
- ☐ 후춧가루 약간

01
그린빈은 흐르는 물에 헹군 후 체에 밭쳐 물기를 뺀다.
★ 그린빈은 2등분하여 사용해도 좋다.

02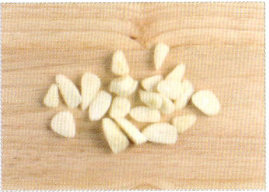
마늘은 편으로 썬다.

03
베이컨은 1cm 두께로 썬다.

04
달군 팬에 식용유를 두르고 그린빈을 넣어 중간 불에서 1분간 볶는다.

05
④에 마늘, 베이컨을 넣고 소금, 후춧가루를 뿌려 2분 30초간 더 볶는다.

어울리는 샌드위치와 브런치

포만감을 주는 채소인 그린빈을 넉넉히 넣은 이 메뉴에는 *햄이나 해물처럼 너무 무겁지 않은 재료로 속을 채운 샌드위치*가 어울린다. 맛이 깔끔하고 담백해 *양념이 강한 샌드위치*와 함께 먹어도 좋다.

햄치즈 샌드위치
52p

카레 향 닭안심 샌드위치
78p

연어 패티 샌드위치
80p

블랙빈 살사 그릴 샌드위치
102p

페스토 새우 그릴 샌드위치
108p

☆ Tip

그린빈 대신 다른 채소 대체하기 맛과 모양에 있어 가장 잘 어울리는 대체 채소는 아스파라거스. 아스파라거스는 딱딱한 밑동을 제거하고 2등분한 후 그린빈과 같은 방법으로 조리한다. 또한 브로콜리나 콜리플라워는 한입 크기로 떼어낸 뒤 끓는 소금물에 30초간 데친 후 같은 방법으로 조리한다.

웨지 칠리 포테이토

감자 하나로 훌륭한 브런치가 될 수 있다는 것을 아시나요? 매콤한 커리와 칠리 파우더를 버무려 오븐에서 담백하게 구운 감자 요리는 어떤가요? 샌드위치에 곁들이면 든든한 한 끼 식사로 즐길 수 있지요. 새콤한 사워크림이나 요구르트 딥을 곁들이면 더욱 맛있습니다.

chapter 6 푸짐한 브런치를 완성하는 *사이드 메뉴*

⏱ 20~25분
🍽 2~3인분

☐ 감자 2개(400g)
☐ 커리 파우더(또는
  일반 카레가루) 1/2작은술
  ★ 재료 설명 22쪽
☐ 칠리 파우더(또는
  고운 고춧가루 1/4작은술)
  1/2작은술 ★ 재료 설명 22쪽

☐ 소금 1/4작은술
☐ 후춧가루 약간
☐ 식용유(포도씨유 또는 카놀라유) 4큰술
☐ 파슬리 가루 1/2작은술
  (장식용, 생략 가능)
☐ 사워크림 6큰술(또는 마요네즈 6큰술
  + 다진 양파 3큰술, 기호에 따라 가감) ★ 재료 설명 23쪽

01

오븐은 220℃(미니 오븐 210℃)로 예열한다. 감자는 깨끗이 씻어 껍질째 2cm 폭의 웨지 모양으로 썬다.

02

웨지 모양으로 썬 감자는 2등분한다.

어울리는 샌드위치와 브런치

탄수화물이 많은 메뉴이니 **고기, 치즈, 채소가 풍성하게** 들어간 샌드위치나 브런치 메뉴와 잘 어울린다. **멕시칸풍으로 매콤하게 양념한** 메뉴와 특히 잘 어울린다.

03

볼에 감자, 커리 파우더, 칠리 파우더, 소금, 후춧가루, 식용유를 넣고 함께 버무린다.
★ 커리 파우더나 칠리 파우더는 둘 중 하나만 사용해도 된다.

04

오븐 팬에 유산지를 깔고 감자를 펼쳐 올린다. 220℃ 오븐(미니 오븐 210℃)의 가운데 칸에서 10~15분간 노릇하게 굽는다.

오이 샌드위치 42p

매콤한 버섯 샌드위치 74p

멕시칸 새우 샌드위치 84p

구운 파프리카 그릴 샌드위치 98p

매콤한 시금치 그릴 샌드위치 104p

05

접시에 구운 감자를 담고 파슬리 가루를 뿌린 다음 사워크림이나 딥 소스(아래 Tip 참고)를 곁들인다.

☆ **Tip**
사워크림 대신 곁들이면 좋은 딥 소스 토마토케첩 5큰술에 핫소스 1큰술을 섞은 후 곁들이면 매콤한 소스로 즐길 수 있다. 또한 떠먹는 플레인 요구르트 6큰술에 다진 양파 2큰술을 섞어 요구르트 딥을 만들어 함께 먹어도 좋다.

칠리소스 감자튀김

햄버거에 곁들여 먹던 감자튀김을
더욱 푸짐하게 즐겨보세요.
따뜻한 칠리소스를 곁들이면
근사한 브런치가 되지요.
감자를 튀길 때 녹말가루를 묻히면
더욱 바삭하게 튀길 수 있답니다.

chapter 6 푸짐한 브런치를 완성하는 *사이드 메뉴*

⏱ 30~35분
🍴 1~2인분

- ☐ 감자 1과 1/2개(300g)
- ☐ 양파 1/7개(30g)
- ☐ 고수 약간 2~3줄기 (생략 가능) ★ 재료 설명 21쪽
- ☐ 슬라이스 치즈(체다) 1장
- ☐ 녹말가루 2큰술
- ☐ 식용유(튀김용) 4컵(800㎖)

칠리소스
- ☐ 다진 쇠고기 100g
- ☐ 블랙빈 통조림 5큰술(100g) ★ 재료 설명 23쪽
- ☐ 양파 1/7개(30g)
- ☐ 셀러리 줄기 10cm(15g)
- ☐ 칠리 파우더(또는 고운 고춧가루) 1큰술 ★ 재료 설명 22쪽
- ☐ 다진 마늘 1/2작은술
- ☐ 물 1컵(200㎖)
- ☐ 토마토 스파게티 소스 6큰술
- ☐ 소금 1/4작은술
- ☐ 후춧가루 약간
- ☐ 식용유(포도씨유 또는 카놀라유) 2작은술

01

모든 양파(1/7개 + 1/7개)는 잘게 다져 찬물에 담가 매운맛을 뺀 뒤 체에 밭쳐 물기를 뺀다. 셀러리도 잘게 다진다.

02

블랙빈은 체에 밭쳐 물기를 빼고 고수는 잎만 굵게 채 썬다. 슬라이스 치즈는 채 썬다.

03

달군 팬에 식용유를 두르고 다진 쇠고기, 다진 양파(1/7개분), 셀러리, 칠리 파우더, 다진 마늘을 넣고 소금, 후춧가루를 뿌린 후 중약 불에서 3분간 볶는다.

04

③에 블랙빈, 물(1컵), 토마토 스파게티 소스를 넣고 중강 불로 올려 끓어오르면 3분 30초간 끓여 칠리소스를 만든다.

05

감자는 껍질을 제거하고 1cm 두께로 길쭉하게 썬 뒤 녹말가루에 버무린다.

06

깊은 냄비에 식용유(4컵)를 붓고 180℃(감자 1개를 넣었을 때 바닥에 닿자마자 바로 올라오는 상태)로 달군 후 감자를 넣어 10분간 튀긴다. 체에 밭쳐 기름을 제거한 후 접시에 담고 칠리소스, 슬라이스 치즈, 다진 양파(1/7개분), 고수를 곁들인다.
★ 사용한 기름 처리하기 35쪽 참고

어울리는 샌드위치와 브런치

자극적인 소스를 더한 메뉴라서 함께 먹는 샌드위치나 브런치 메뉴는 단순하고 부드러운 맛이 잘 어울린다. 칼로리가 높은 편이니 고기나 치즈가 많이 들어간 메뉴는 피하는 것이 좋다.

게맛살 샌드위치
42p

참치 샌드위치
44p

길거리 토스트
58p

아보카도 토마토 샌드위치
82p

오이 새우 샌드위치
82p

감자 팬케이크

감자는 기름과 소금만 있으면 다른 그 어떤 채소도 따라갈 수 없는 맛을 내는데요. 양파를 약간 넣어 단맛과 향을 더해 서양식 감자전을 만들어보았어요. 든든한 브런치로 즐기기 좋답니다.

chapter 6 푸짐한 브런치를 완성하는 사이드 메뉴

⏰ 20~25분
🥕 2인분

- ☐ 감자 1개(200g)
- ☐ 양파 약 1/6개(35g)
- ☐ 달걀 1개
- ☐ 소금 1/4작은술
- ☐ 후춧가루 약간
- ☐ 파슬리 가루 약간(생략 가능)
- ☐ 식용유(포도씨유 또는 카놀라유) 4큰술

01

감자는 껍질을 제거한 후 채칼이나 칼로 가늘게 채 썬다.

02

양파도 가늘게 채 썬다.

03

큰 볼에 달걀을 넣고 잘 푼다.

04

③의 볼에 감자, 양파, 소금, 후춧가루, 파슬리 가루를 넣고 골고루 섞어 반죽한다.

05

달군 팬에 식용유 1큰술을 두르고 감자 팬케이크 반죽 1/4분량을 올려 중약 불에서 2분, 뒤집어서 1분간 굽는다. 남은 반죽도 같은 방법으로 굽는다.
★ 감자의 두께에 따라 굽는 시간을 가감한다. 팬이 너무 달궈진 상태라면 잠시 식힌 후 나머지를 굽는다.

 Tip
감자 팬케이크 업그레이드하기 기호에 따라 슬라이스 치즈나 파르미자노 치즈, 베이컨을 잘게 다져 반죽에 넣어 구우면 풍미도 좋아지고 더욱 든든하게 즐길 수 있다.

어울리는 샌드위치와 브런치

감자 팬케이크는 탄수화물이 풍부하고 맛이 고소하기 때문에 해산물이나 채소 등 상대적으로 가볍고 깔끔한 맛의 메뉴가 잘 어울린다. 이 메뉴를 메인으로 해서 샐러드를 곁들여 브런치를 준비해도 좋다.

참치 샌드위치 44p

연어 패티 샌드위치 80p

아보카도 토마토 샌드위치 82p

파인애플 햄치즈 오픈 샌드위치 138p

시금치 샐러드 또띠야 피자 174p

프로슈토컵 달걀찜

오븐 용기 안에 프로슈토를 깔고 달걀을 깨 넣어 오븐에 굽기만 하면 되는 초간단 달걀 요리예요. 요리 초보들도 쉽게 만들 수 있고 맛도 좋은 메뉴랍니다.

chapter 6 푸짐한 브런치를 완성하는 *사이드 메뉴*

⏰ 15~20분
🥕 2인분

- [ ] 프로슈토 50g
    (또는 베이컨 긴 것 4줄이나
    슬라이스 햄 4장)
    ★ 재료 설명 17쪽
- [ ] 달걀 2개
- [ ] 방울토마토 2개(30g)

- [ ] 슈레드 피자 치즈 1/4컵(25g)
- [ ] 올리브유(또는 포도씨유) 2작은술
- [ ] 바질 페스토 1작은술
    ★ 재료 설명 26쪽
- [ ] 후춧가루 약간
- [ ] 다진 바질 잎 약간(장식용, 생략 가능)

01

오븐은 220℃(미니 오븐 210℃)로 예열한다. 방울토마토는 4등분한다.

02
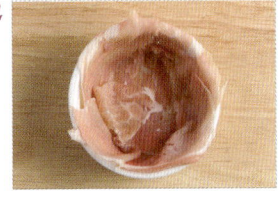

오븐 용기 안쪽에 올리브유를 바른 후 프로슈토 1/2분량을 깐다.

03

②의 안에 슈레드 피자 치즈 1/2분량을 넣는다.

04

그 위에 달걀을 조심히 깨 넣는다. 나머지도 같은 방법으로 만든다.

05

각각의 볼의 달걀 위에 방울토마토를 나눠 얹고 바질 페스토를 1/2작은술씩 올린다. 후춧가루를 뿌린 후 220℃ 오븐(미니 오븐 210℃)의 가운데 칸에서 8~10분간 굽는다. 구운 후 기호에 따라 다진 바질 잎을 뿌린다.

⭐ **Tip**

이탈리아의 생햄, 프로슈토(Prosciutto) 생고기를 소금에 절여 발효시킨 햄이다. 대형 마트나 백화점의 수입 식품 코너에서 구입할 수 있다. 또한 베이컨이나 슬라이스 햄으로 대체해도 좋다.
프로슈토컵 달걀찜을 더욱 든든하게 먹고 싶다면 식빵을 잘게 썰어 넣어 오븐에서 함께 익힌다.

어울리는 샌드위치와 브런치

이 메뉴는 모든 브런치 메뉴와 두루두루 잘 어울린다. 고기나 해산물보다는 갖가지 채소들, 버섯, 단호박, 고구마, 감자 등의 재료가 듬뿍 들어간 메뉴에 곁들이면 맛과 영양 면에서 모두 좋다.

단호박 아몬드 샌드위치
38p

감자 베이컨 샌드위치
46p

비트 샌드위치
64p

쇠고기 버섯 그릴 샌드위치
96p

아몬드 프렌치토스트
158p

프리타타

이탈리아의 오믈렛인 프리타타^{Frittata}는
팬케이크와 비슷하게 생겼답니다.
집에 있는 자투리 채소나 제철 채소를
넣어 마음껏 응용해도 좋습니다.
갓 구워 봉긋하게 부풀었을 때 먹어야
더욱 맛있지요.

chapter 6 푸짐한 브런치를 완성하는 **사이드 메뉴**

⏰ 20~25분
👤 2인분

- □ 달걀 3개
- □ 프랑크 소시지 1개(32g)
- □ 방울토마토 3개
- □ 피망 1/5개(20g)
- □ 적양파(또는 양파) 약 1/7개(30g)

- □ 콜리플라워(또는 브로콜리) 1/8송이(35g)
- □ 바질 3~4장(생략 가능) ★ 재료 설명 21쪽
- □ 파르미자노 치즈 약간 (또는 파마산 치즈 가루, 생략 가능) ★ 재료 설명 19쪽

- □ 식용유(포도씨유 또는 카놀라유) 1큰술
- □ 소금 1/3작은술 + 1/6작은술
- □ 후춧가루 약간

01

오븐은 180℃(미니 오븐 170℃)로 예열한다. 볼에 달걀, 소금(1/3작은술)을 넣고 잘 푼다.

02

방울토마토는 반으로 썰고, 피망은 1cm 두께로 채 썬다.

03

적양파는 0.5cm 두께로 채 썰고 콜리플라워는 한입 크기로 썬다.

04

소시지는 길게 어슷 썰고, 바질 잎은 채 썬다. 파르미자노 치즈는 강판에 갈거나 칼로 잘게 다진다.

05

오븐 조리가 가능한 팬을 준비한다. 중간 불에서 달군 후 식용유를 두르고 채소와 소시지를 넣고 소금 1/6작은술, 후춧가루를 뿌린다. 센 불에서 1분 30초간 볶는다.
★ 무쇠 팬, 플라스틱 손잡이가 분리되는 팬은 오븐 조리가 가능하다.

06

약한 불로 줄인 후 달걀물을 부어 80% 정도 익힌다. 180℃ 오븐 (미니 오븐 170℃)의 가운데 칸에서 8분간 익힌다. 바질, 파르미자노 치즈를 고루 뿌린다.

☆ **Tip**
오븐 대신 팬으로만 프리타타 만들기 바닥이 두껍고 코팅이 잘 된 팬에 채소와 소시지를 넣고 중간 불에서 볶다가 달걀물을 붓고 약한 불로 줄여 뚜껑을 덮은 채 6~8분간 익힌다. 불을 끄고 바질, 파르미자노 치즈를 고루 뿌린다.

어울리는 샌드위치와 브런치

프리타타만으로도 포만감을 느낄 수 있기 때문에 가볍게 먹을 수 있는 채소 샌드위치나 디저트처럼 달콤한 와플, 팬케이크 등의 브런치 메뉴를 곁들이면 잘 어울린다.

오이 새우 샌드위치 82p

구운 파프리카 그릴 샌드위치 98p

훈제 연어 무스 브루스케타 120p

리코타 치즈와 유자청을 곁들인 와플 160p

무화과 컴포트를 곁들인 팬케이크 162p

새우 토마토 오믈렛

새우살을 마늘과 함께 볶아 향긋한 향을 낸 후 오믈렛에 넣었지요. 달걀의 부드러운 맛과 탱탱한 새우살의 씹는 맛이 조화로운 메뉴랍니다.

chapter 6 푸짐한 브런치를 완성하는 **사이드 메뉴**

- ⏱ 25~30분
- 🍴 2인분

- ☐ 냉동 생새우살 6개(60g)
- ☐ 토마토 슬라이스 1개
- ☐ 마늘 3쪽
- ☐ 달걀 3개
- ☐ 파르미자노 치즈 8g (또는 파마산 치즈 가루 1큰술) ★ 재료 설명 19쪽
- ☐ 우유 2큰술
- ☐ 소금 약간
- ☐ 후춧가루 약간
- ☐ 식용유(포도씨유 또는 카놀라유) 5작은술
- ☐ 바질 약간(장식용, 생략 가능) ★ 재료 설명 21쪽

01
냉동 생새우살은 엷은 소금물(물 2컵 + 소금 1/2작은술)에 10분간 담가 해동한 후 흐르는 물에 헹군다.

02
토마토 슬라이스는 4등분하고 마늘은 편으로 썬다. 파르미자노 치즈는 강판에 갈거나 칼로 잘게 다진다.

03
달걀, 파르미자노 치즈, 우유를 섞는다.

04
달군 팬에 식용유 2작은술을 두른 뒤 새우살, 마늘을 넣고 소금, 후춧가루를 뿌린다. 중약 불로 2분 30초간 볶는다.

05
코팅이 잘 된 작은 팬을 달군 후 식용유 3작은술을 두르고 달걀물을 부은 후 한쪽에 토마토를 올린다. 약한 불에서 달걀이 80% 정도 익을 때까지 약 3분 30초간 익힌다.

06
토마토를 올린 쪽에 볶은 새우살과 마늘을 올리고 반으로 접어 불을 끄고 뚜껑을 덮어 5분간 더 익힌다. 그릇에 오믈렛을 담고 잘게 썬 바질을 곁들인다.

어울리는 샌드위치와 브런치

깔끔하고 담백한 맛이 특징인 이 오믈렛에는 달콤한 맛의 속재료와 소스를 넣은 샌드위치나 브런치 메뉴가 잘 어울린다. 새콤달콤한 드레싱의 샐러드만 더해 브런치를 준비해도 좋다.

엘비스 샌드위치
48p

고구마 그릴 샌드위치
90p

오렌지잼 토스트
90p

블루베리 팬케이크
164p

☆ **Tip**
다른 재료로 응용해 새로운 오믈렛 만들기 냉동 생새우살 대신 햄이나 소시지를 볶아 넣거나, 토마토 대신 파프리카, 양파, 버섯 등의 채소를 다양하게 넣어 만들어도 좋다.

과일 트리플

술에 적신 스펀지케이크, 과일, 생크림을 켜켜이 쌓아 만드는 영국 전통 디저트, 트리플Trifle.
보기에도 예쁘고 입맛도 자극하는 사랑스러운 디저트랍니다. 샌드위치나 브런치에 곁들이면
입맛을 달콤하게 마무리해주죠.

chapter 6 푸짐한 브런치를 완성하는 **사이드 메뉴**

- ⏰ 20~25분
- 🥕 2~3인분

- ☐ 시판 카스텔라 1개(80g)
- ☐ 오렌지 1개(320g)
- ☐ 딸기 4개(72g)
- ☐ 냉동 블루베리 1/2컵(50g)
- ☐ 레몬 1/2개(레몬즙 2큰술 + 레몬 제스트 1/2개분)
- ☐ 올리고당 2큰술
- ☐ 물 2큰술
- ☐ 생크림 1과 1/5컵(220㎖)
- ☐ 설탕 3큰술(40g)
- ☐ 애플민트 약간(장식용, 생략 가능)
  ★ 재료 설명 21쪽

01

오렌지는 껍질을 벗겨 과육을 발라내고, 딸기는 한입 크기로 썬다.
★ 오렌지 과육 발라내기 35쪽 참고

02

레몬은 깨끗이 씻어 노란 껍질만 얇게 벗긴 후 잘게 다져 레몬 제스트를 만든다. 즙을 짜서 2큰술을 만든다.
★ 레몬 껍질 씻기 45쪽 Tip 참고

03

깊이가 있는 작은 접시에 레몬즙, 올리고당, 물을 넣어 섞은 뒤 카스텔라를 적신다.

04

생크림에 설탕, 레몬 제스트를 넣고 휘핑해 부드럽게 올린다.
★ 거품기를 들었을 때 생크림이 뾰족하게 올라오는 정로도 휘핑한다.

05

투명한 그릇에 카스텔라, 과일, 생크림을 번갈아가며 담는다. 애플민트로 장식한다.

어울리는 샌드위치와 브런치

풍성한 맛의 디저트이지만 칼로리는 조금 높은 편. 채소나 해산물, 닭가슴살, 달걀 등을 넣어 칼로리 부담을 줄인 가벼운 샌드위치나 브런치 메뉴 후에 먹기 딱 좋은 메뉴다.

구운 가지 샌드위치 74p

새우 굴소스볶음 오픈 샌드위치 138p

수란 훈제 연어 오픈 샌드위치 142p

닭가슴살 채소 스튜 176p

☆ Tip

1. **생크림 휘핑이 잘 되지 않는다면?** 생크림은 차가울수록 거품이 잘 만들어진다. 2개의 믹싱 볼(큰 것, 작은 것)을 준비한 후 큰 볼에 얼음을 담고 그 위에 작은 볼을 올려 생크림, 설탕을 넣고 거품을 내면 좀 더 쉽게 거품을 낼 수 있다.

2. **생크림과 휘핑크림의 차이** 생크림은 우유에서 지방만 분리하여 만든 것으로 유지방 함량이 18% 이상 되어야 생크림이라 할 수 있고 가격도 비싼 편이다. 휘핑크림은 우유 지방에 식물성 첨가제를 넣어 만든 제품으로 보관 기간이 생크림에 비해 길고 가격도 저렴하다. 휘핑크림에는 제과용으로 설탕이 들어간 제품이 있는데, 요리에 넣을 때는 설탕이 들어가지 않은 제품을 확인하고 사용한다.

과일 요구르트 볼

과일을 듬뿍 넣고 갈아서 만든 요구르트 볼이에요.
고소한 그래놀라를 곁들이면 간단한 식사로 즐기기에도 좋아요.

chapter 6 푸짐한 브런치를 완성하는 사이드 메뉴

⏱ 5~10분
🍴 2인분

- ☐ 떠먹는 플레인 요구르트 2통(170g)
- ☐ 냉동 블루베리 2/3컵(70g)
- ☐ 딸기 4개(72g)
- ☐ 바나나 1개(100g)
- ☐ 그래놀라(또는 시리얼) 2/3컵(55g, 기호에 따라 가감)

01

딸기와 바나나는 블루베리 크기와 비슷하게 썬다.

02

믹서에 떠먹는 플레인 요구르트를 넣고 블루베리, 딸기, 바나나는 2/3분량씩만 넣어 간다.

03

볼에 ②의 과일 요구르트를 담고, 그 위에 남은 과일을 올린 후 그래놀라를 곁들인다.

어울리는 샌드위치와 브런치

가벼운 아침식사나 브런치로도 손색이 없을 정도로 과일이 풍성하게 들어간 요구르트 볼에는 **햄이나 치즈, 달걀 등을 넣어 가볍게 만든 샌드위치가** 잘 어울린다.

클럽 샌드위치
40p

BLTH 샌드위치
56p

모닝 샌드위치
66p

살라미 샌드위치
72p

☆ Tip

1. 다른 과일로 대체하기 어떤 과일을 넣어도 잘 어울리지만 든든하게 먹고 싶다면 복숭아 통조림, 사과 등 식이섬유가 풍부한 과일을 곁들인다. 상큼한 맛을 원한다면 키위, 청포도, 파인애플 등 신맛이 있는 과일을 넣어 즐긴다.

2. 곡물이 뭉쳐 있어 더욱 고소한, 그래놀라(Granola) 귀리와 각종 견과류를 꿀과 섞어 오븐에 바삭하게 구워낸 것으로 곡물이 둥글게 뭉친 형태로 되어있다. 보통 말린 과일과 견과류가 함께 들어 있는 시리얼의 형태로 판매된다. 그래놀라 대신 일반 시리얼에 아몬드 슬라이스나 다진 견과류를 함께 곁들여도 좋다.

망고 푸딩

냉동 망고를 이용해서 만든 푸딩이에요.
달콤한 망고의 맛이 부드럽게 입안에 퍼지지요.
샌드위치를 먹고 나서 디저트로 즐기면
입맛을 깔끔하게 정리해준답니다.

chapter 6 푸짐한 브런치를 완성하는 사이드 메뉴

- ⏰ 2시간
- 🥕 2~3인분

- ☐ 냉동 망고 2컵(200g)
- ☐ 판 젤라틴 1장(2g, 또는 가루 젤라틴 1/2작은술)
- ☐ 물 1/2컵(100㎖)
- ☐ 올리고당 3큰술
- ☐ 애플민트 약간(장식용, 생략 가능) ★ 재료 설명 21쪽

01

찬물에 판 젤라틴을 넣고 3분간 불린다. ★ 실내 온도가 높을 때는 얼음물에 불린다.

02

믹서에 냉동 망고, 물(1/2컵), 올리고당을 넣고 곱게 간다.

03

냄비에 ②를 붓고 약한 불에 올려 끓어오르면 1분간 더 끓인다.

04

판 젤라틴을 건져 물기를 꼭 짠 다음 ③의 냄비에 넣고 저어가며 젤라틴이 다 녹을 때까지 1분 정도 끓인다.

05

그릇에 나눠 담고 냉장실에 넣어 2시간 정도 굳힌다. 애플민트를 올려 장식한다.

어울리는 샌드위치와 브런치

달콤하고 부드러운 맛이 특징인 망고 푸딩에는 고기가 들어간 샌드위치가 잘 어울린다. 묵직한 맛의 샌드위치를 즐긴 후 망고푸딩으로 입맛을 정리하면 속도 든든하고 맛의 조화도 아주 좋다.

베트남풍 돼지고기 샌드위치
68p

바비큐 치킨 샌드위치
70p

치킨 너겟 그릴 샌드위치
110p

미트소스 그라탱 오픈 샌드위치
140p

☆ **Tip**

1. 망고 대신 다른 과일로 대체하기 망고를 구하기 어렵다면 복숭아 통조림, 살구 통조림, 홍시 등을 같은 분량으로 넣어 푸딩을 만들어도 좋다.

2. 가루 젤라틴 사용하기 가루 젤라틴을 사용할 때는 먼저 볼에 가루 젤라틴과 젤라틴 양의 5배가 되는 찬물을 붓고 5분간 불린다. 불린 물과 함께 ④의 냄비에 넣고 같은 방법으로 만들면 된다.

블루베리 레드 와인 그라니타

그라니타는 얼음 알갱이가 굵은 디저트랍니다. 레드 와인으로 깔끔하고 고급스러운 맛을 냈지요. 아이들과 함께 즐기려면 과일 주스를 이용해도 좋답니다.

chapter 6 푸짐한 브런치를 완성하는 사이드 메뉴

- ⏰ 4시간
- 🥕 2~3인분

- □ 레드 와인 2와 1/2컵(500㎖)
- □ 냉동 블루베리 3/5컵(60g)
- □ 설탕 6큰술(레드 와인의 당도에 따라 가감)

01

냄비에 레드 와인, 설탕을 넣고 중간 불에서 1분간 설탕을 녹이며 끓인다.

02

①의 와인을 한 김 식힌 후 밀폐 용기에 담고 블루베리를 넣는다.

03

냉동실에 넣어 2시간 동안 얼린다. 와인이 2/3쯤 얼면 냉동실에서 꺼내 포크로 고루 긁은 다음 다시 얼린다.

04

냉동실에서 2시간 얼린 후 다시 꺼내어 입자가 거칠게 긁은 뒤 1시간 정도 얼린 후 먹는다.

어울리는 샌드위치와 브런치

입맛을 깔끔하고 시원하게 정리해주는 그라니타에는 고기, 치즈, 감자 등이 들어간 묵직하고 진한 맛의 샌드위치나 브런치 메뉴가 잘 어울린다. 특히 따뜻하게 먹는 메뉴에 디저트로 내면 아주 좋다.

볶은 양파 핫도그
60p

세 가지 치즈와 사과 처트니 그릴 샌드위치 94p

푸타네스카 그릴 샌드위치
106p

태국풍 쇠고기 그릴 샌드위치
112p

셰퍼즈 파이
166p

☆ Tip
얼음 디저트, 셔벗(Sherbet)과 그라니타(Granita)의 차이 '셔벗'은 달콤한 과일 주스나 기타 음료를 얼린 것으로 정찬 코스에서 입맛을 새롭게 하기 위하여 요리의 중간에 내는데, 오늘날에는 주로 식후 디저트로 즐긴다. 셔벗은 영어식 표현이고, 프랑스에서는 소르베(Sorbet)라 한다. '그라니타'는 라임, 레몬, 자몽 등의 과일에 설탕과 와인(또는 샴페인)을 섞어 얼린 이탈리아식 얼음 과자이다. 얼리는 과정에 과립형 질감이 생기도록 여러 번 긁는 과정이 있어 입자가 거친 경우가 많다. 그래서 셔벗은 당도가 높고 입자가 고운 반면 그라니타는 신맛과 톡 쏘는 맛이 강하고 입자가 거칠다.

생강 향 초콜릿 과일 퐁뒤

그냥 먹어도 신선하고 맛있는 과일이지만,
특별한 날에는 초콜릿을 녹여서 퐁뒤로
즐겨보세요. 기분 좋은 디저트가 될 거예요.

chapter 6 푸짐한 브런치를 완성하는 사이드 메뉴

🕙 10~15분
🍽 2인분

☐ 금귤 4개(또는 오렌지 1/4개)
☐ 딸기 2~3개 (40g)
☐ 키위 1개
☐ 마시멜로 3~4개
☐ 생크림 약 2/3컵(60㎖)
☐ 다크 초콜릿 80g
☐ 생강가루 1/2작은술
　(생략 가능)

01

과일은 한입 크기로 썬다.
★ 다양한 제철 과일로 응용 가능하다.

02
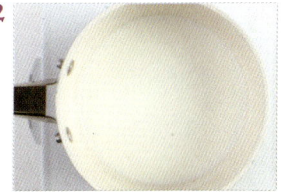
냄비에 생크림을 넣고 약한 불로 끓인다.

03

생크림의 가장자리가 보글보글 끓으면 다크 초콜릿과 생강가루를 넣고 한 방향으로 저어가며 초콜릿이 완전히 녹을 때까지 1분 정도 끓여 초콜릿 소스를 만든다.
★ 자칫 생크림의 지방이 분리될 수 있으니 약한 불에서 끓이고 한 방향으로 부드럽게 저으며 끓인다.

04

퐁뒤 그릇에 초콜릿 소스를 담고, 과일과 마시멜로를 곁들인다.

어울리는 샌드위치와 브런치

달콤하고 칼로리가 높은 디저트를 부담없이 먹기 위해선 칼로리 부담이 적은 채소나 해산물을 넣은 샌드위치가 잘 어울린다. 또한 초콜릿 맛이 진하기 때문에 샌드위치의 맛도 담백하고 깔끔한 것이 잘 어울린다.

참치 샌드위치
44p

연어 크림치즈 샌드위치
54p

비트 샌드위치
64p

오이 새우 샌드위치
82p

구운 채소 오픈 샌드위치
132p

219

+Recipe
홈메이드 음료

샌드위치, 브런치에 곁들이기 좋은
홈메이드 음료

샌드위치와 브런치에 늘 우유나 커피만 함께 냈다면 이제는 좀 더 다양한 음료를 곁들여보세요.
조금 색다른 음료만 곁들여도 식탁의 분위기가 확 살아날 것입니다.
만들기 간단하면서도 폼 나는 스타일리시한 홈메이드 음료를 소개합니다.

카페 모카

밀크티

카페 모카와 밀크티

달콤한 초콜릿과 쌉싸래한 커피의 절묘한 조화! 카페 모카에 폭신폭신한 마시멜로까지 띄우면 부드러움이 배가되지요. 밀크티는 따뜻하게 끓인 우유에 홍차 티백을 넣어 끓였습니다. 홍차 잎을 직접 넣는다면 컵에 따르기 전에 고운 체로 걸러주면 됩니다.

카페 모카

⏰ 5~10분 🍴 1인분

- 인스턴트 블랙 커피 2봉(3.2g)
- 밀크 초콜릿 1/3컵(50g)
- 우유 1과 1/2컵(300㎖)
- 마시멜로 2개(생략 가능)

01 냄비에 우유와 초콜릿을 넣고 약한 불에서 끓어오르면 2분간 저어가며 끓인다.

02 인스턴트 블랙 커피를 넣고 30초간 저은 후 불을 끈다.

03 컵에 음료를 담고 마시멜로를 넣는다.

밀크티

⏰ 5~10분 🍴 1인분

- 홍차 티백 2개
- 우유 1과 1/2컵(300㎖)
- 설탕 1큰술

01 냄비에 우유를 붓고 약한 불로 끓인다.

02 우유가 끓어오르면 티백을 넣고 4분간 끓인다. 불을 끄고 설탕을 넣어 섞은 후 컵에 담는다.

☆ Tip

카페 모카 대신 핫초코 만들기
카페 모카에서 인스턴트 커피만 생략하면 핫초코로 즐길 수 있다. 단, 커피가 빠지면서 맛이 연해질 수 있으니 초콜릿의 양을 기호에 따라 늘린다.

밀크티로 즐기기 좋은 홍차
아삼, 실론, 잉글리시 브렉퍼스트 홍차처럼 향과 맛이 강한 홍차가 밀크티로 즐기기 좋다. 향이 약한 홍차는 우유와 섞여 고유의 향을 잘 느낄 수 없기 때문이다. 티백의 양을 넉넉히 넣어 끓이면 더욱 진한 홍차의 향을 느낄 수 있다.

사과 키위차와 오미자 귤차

설탕에 절여 두었다 따뜻하게 또는 시원하게 즐길 수 있는 과일차 두 가지를 소개합니다. 은은한 단맛이 좋은 사과 키위차와 새콤하게 맛있는 오미자 귤차입니다. 제철에 넉넉히 담가 보관해두면 좋답니다.

사과 키위차

⏰ 10~15분 (+ 일주일간 숙성하기)
🥕 5~6인분

- □ 사과 1개(220g)
- □ 키위 1개(90g)
- □ 설탕 310g(과일 무게와 동량)

01 사과는 껍질째 깨끗이 씻은 후 물기를 완전히 제거해 4등분하고 씨를 제거한 후 얇게 썬다. 키위는 껍질을 제거한 후 2등분해 얇게 썬다.

02 유리병에 사과와 키위를 번갈아가며 넣고 설탕을 켜켜이 뿌린다.

03 일주일간 서늘한 곳에 두었다가 냉장 보관한다.

1

2

오미자 귤차

⏰ 10~15분 (+ 일주일간 숙성하기)
🥕 5~6인분

- □ 귤 3개(350g)
- □ 말린 오미자 3큰술(15g)
- □ 설탕 365g(과일 무게와 동량)

01 귤은 굵은 소금으로 껍질을 문질러 깨끗하게 씻은 후 물기를 완전히 제거하고 2등분해 얇게 썬다.

02 유리병에 귤과 오미자를 번갈아가며 넣고 설탕을 켜켜이 뿌린다.

03 일주일간 서늘한 곳에 두었다가 냉장 보관한다.

1

2

☆ Tip

유리병 소독하기
차를 만들어 오래 보관하려면 소독한 병에 담아야 한다. 큰 볼에 뜨거운 물을 붓고 유리병을 담가 굴려가며 소독한 후 물기를 완전히 말려 차를 담는다.

시원한 음료로 즐기기
담근 차는 따뜻한 물에 타서 먹거나 사이다, 탄산수에 타서 시원하게 즐겨도 좋다. 시원하게 즐길 때는 따뜻하게 즐길 때보다 과일과 시럽을 넉넉히 넣어야 싱겁지 않다.

홈메이드 음료

에스프레소 스무디

검은깨 두유 라떼

에스프레소 스무디와 검은깨 두유 라떼

어느 카페 부럽지 않은 음료 두 가지를 소개합니다. 진한 에스프레소, 바닐라 아이스크림, 얼음을 갈아 부드럽고 시원한 에스프레소 스무디와 아이들과 함께 마실 수 있는 고소한 검은깨 두유 라떼입니다.

에스프레소 스무디

⏱ 5~10분　🥕 1인분

- 에스프레소 샷 2잔(50㎖)
- 바닐라 아이스크림 1스쿱(90g)
- 네모난 얼음 3~4조각(30g)
- 볶은 원두 10개(생략 가능)

01 에스프레소 샷을 시원하게 식힌 후 믹서에 나머지 재료들과 함께 넣고 간다.

검은깨 두유 라떼

⏱ 5~10분　🥕 1인분

- 두유 3/4컵(150㎖)
- 검은깨 2큰술
- 꿀 1작은술

01 믹서에 모든 재료를 넣고 곱게 간다.
02 잔에 담고 기호에 따라 얼음을 넣는다.

☆ Tip

에스프레소를 커피 믹스로 대체해 스무디 만들기

설탕, 분말 크림이 들어 있지 않은 블랙 커피 믹스 2봉을 뜨거운 물 1/4컵에 섞어 차게 식힌 후 나머지 재료들과 함께 간다.

검은깨를 다른 곡물로 대체해 라떼 만들기

검은깨가 없다면 미숫가루, 선식가루나 생식가루 2큰술을 넣어 나머지 재료들과 함께 갈아도 좋다.

홈메이드 음료

딸기 아이스티

복숭아 라씨

딸기 아이스티와 복숭아 라씨

향긋한 홍차에 상큼한 딸기를 곁들여 딸기 아이스티를 만들어보세요. 새콤달콤하면서도 깔끔한 맛이 갈증을 한 번에 해결해준답니다. 통조림 복숭아를 이용해 간단히 만든 복숭아 라씨는 새콤한 요구르트로 만든 인도식 건강음료지요.

딸기 아이스티

⏱ 5~10분 👤 1인분

- ☐ 딸기 5개(120g)
- ☐ 홍차 티백 1개
- ☐ 뜨거운 물 1과 1/2컵(300㎖)
- ☐ 설탕 1큰술
- ☐ 레몬즙 1큰술

01 홍차 티백을 뜨거운 물(1과 1/2컵)에 3분간 우려낸 뒤 설탕, 레몬즙을 넣고 섞는다. 냉장실에 넣어 차게 식힌다.

02 믹서에 딸기와 ①의 홍차 우린 물 1/2컵을 넣고 간다.

03 컵에 얼음을 채우고 나머지 홍차를 부은 후 ②를 올린다.

복숭아 라씨

⏱ 5~10분 👤 2인분

- ☐ 복숭아 통조림 1/2캔(200g, 국물 제외)
- ☐ 떠먹는 플레인 요구르트 4통(320g)

01 믹서에 모든 재료를 넣고 간다.

✩ Tip

딸기 대신 다른 과일로 아이스티 만들기

냉동 블루베리나 냉동 라즈베리를 이용해도 잘 어울린다. 또한 무화과 제철이라면 생무화과를 넣고 갈아서 곁들여도 좋다.

복숭아 대신 다른 과일로 라씨 만들기

귤 통조림이나 냉동 망고를 넣고 갈아도 좋다. 이때 과일에 따라 단맛과 신맛에 차이가 있으니 기호에 따라 레몬즙과 꿀을 섞는다. 좀 더 시원하게 마시고 싶다면 네모난 얼음 4조각을 넣고 함께 간다.

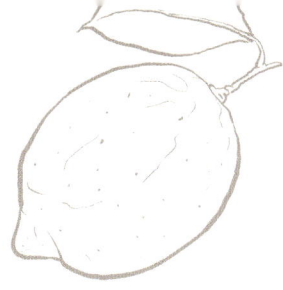

블루 레모네이드와 사과 셀러리 모히토

푸른빛이 돌아 더욱 시원해 보이는 레모네이드입니다. 오렌지 껍질로 만들어 향긋한 향이 나는 블루 큐라소를 넣어서 파란빛이 나지요. 사과와 셀러리를 넣어 만든 색다른 모히토도 즐겨보세요. 사과와 셀러리의 향이 잘 어울린답니다.

블루 레모네이드

⏱ 5~10분 🥕 1인분

- 레몬즙 1개분(레몬즙 약 1/4컵, 50㎖)
- 사이다 1컵(200㎖)
- 블루 큐라소(또는 식용 블루 색소) 1/4작은술

01 레몬은 깨끗하게 씻은 뒤 반으로 갈라 즙을 짠다.
★ 레몬 껍질 씻기 45쪽 Tip 참고

02 볼에 레몬즙, 사이다, 블루 큐라소를 섞는다.

03 컵에 얼음을 채우고 ②를 부은 후 짜고 남은 레몬 껍질을 넣는다.

사과 셀러리 모히토

⏱ 5~10분 🥕 1인분

- 사과 약 1/4개(60g)
- 셀러리 줄기 20cm(30g)
- 사이다 1/2컵(100㎖)
- 럼 2큰술(생략 가능)

01 사과와 셀러리를 1/4분량씩 장식용으로 얇게 썰어둔다.

02 남은 사과와 셀러리는 큼직하게 썰어 믹서에 사이다와 함께 넣고 곱게 간다.

03 ②를 체에 밭쳐 즙만 걸러낸다

04 컵에 얼음을 채운 후 ③과 럼을 붓고 섞는다. 장식용 사과와 셀러리를 띄운다.

☆ Tip

블루 레모네이드 대신 무알코올 핑크 레모네이드 만들기

블루 큐라소(Blue curacao)는 오렌지 껍질로 만든 증류주로 파란빛을 띤다. 수입 주류 전문 매장이나 인터넷 수입 식재료상에서 판매하는데, 구하기 어렵다면 분홍빛을 띠는 핑크 레모네이드로 즐겨보자. 자몽 주스(1/2컵)와 사이다(1/2컵)를 섞은 후 맛을 보고 기호에 따라 레몬즙을 추가한다.

모히토, 무알코올 음료로 즐기기

럼(Rum)은 당밀 또는 사탕수수를 발효시켜 만든 술로 향이 좋아서 베이킹, 디저트에 자주 쓰인다. 무알코올 음료로 준비하려면 럼만 제외하면 된다. 또한 사과 대신 오렌지, 자몽을 곁들여도 잘 어울린다.

홈메이드 음료

방울토마토 주스

레드 와인 과일 펀치

방울토마토 주스와 레드 와인 과일 펀치

토마토를 익히면 영양가도 높아지고 껍질도 쉽게 벗길 수 있지요. 사계절 내내 구할 수 있는 방울토마토로 온 가족 건강주스를 만들어보세요. 또 한 스타일리시한 음료인 레드 와인 과일 펀치를 곁들여 폼 나는 브런치를 완성해보세요.

방울토마토 주스

⏱ 5~10분 🍽 1인분

☐ 방울토마토 10개(큰 것, 260g)
☐ 생수 1/4컵(50㎖)
☐ 설탕 1/2작은술
☐ 소금 약간

01 방울토마토의 아랫부분에 열십(+)자로 칼집을 낸다.
02 끓는 물(6컵)에 방울토마토를 넣고 10초간 데친 후 건져 찬물에 담가 껍질을 벗긴다.
03 믹서에 방울토마토, 생수(1/4컵)를 넣고 곱게 간 뒤 냄비에 넣어 중간 불로 끓인다. 끓어오르면 약한 불로 줄여 4분간 저어가며 끓인 후 차게 식힌다.
04 설탕과 소금을 넣어 간한다.

레드 와인 과일 펀치

⏱ 5~10분 🍽 1인분

☐ 오렌지 1/5개(60g)
☐ 냉동 블루베리 10개(20g)
☐ 레드 와인 약 1/3컵(75㎖)
☐ 설탕 1작은술
☐ 토닉워터(또는 사이다) 1컵(200㎖)
☐ 애플민트 약간(장식용, 생략 가능)
★ 재료 설명 21쪽

01 오렌지 껍질을 소금으로 문질러 깨끗이 씻은 후 껍질째 얇게 썬다.
02 볼에 오렌지, 블루베리, 와인, 설탕을 붓고 골고루 섞는다. 이때 블루베리는 손으로 살짝 으깨어 즙을 낸다.
03 컵에 얼음을 채우고 ②를 부은 후 토닉워터를 붓는다. 애플민트를 띄워 장식한다.

☆ Tip

일반 토마토로 주스 만들기
방울토마토 대신 중간 크기 토마토 2개를 같은 방법으로 데친 후 갈아서 끓이면 된다. 식힌 토마토 주스는 얼린 후 셔벗처럼 즐겨도 좋다.

와인 과일 펀치, 무알코올 음료로 만들기
아이들과 함께 먹을 때는 와인 대신 크랜베리 주스나 자몽 주스를 넣어서 만들면 된다. 또한 과일은 딸기, 포도, 키위 등으로 대체해도 잘 어울린다.

유자 마티니와 자몽 벨리니

브런치에 곁들이면 좋은 알코올 음료 두 가지를 알려드릴게요.
유자청을 넣어 달콤하게 만든 유자 마티니와 톡 쏘는 탄산과
새콤한 자몽즙이 청량감을 주는 자몽 벨리니입니다.

유자 마티니

⏱ 5~10분 🍶 1인분

- □ 럼 2큰술
- □ 유자청(또는 매실청이나 레몬청) 1큰술
- □ 레몬즙 1큰술
- □ 얼음 약간

01 셰이커에 모든 재료를 넣고 흔든 뒤 컵에 담는다. ★ 셰이커가 없다면 작은 물통에 모두 넣은 뒤 뚜껑을 닫고 흔들어 섞는다. 섞은 음료는 체에 거른다.

자몽 벨리니

⏱ 5~10분 🍶 1인분

- □ 자몽(또는 오렌지) 1/2개 (자몽즙 70㎖, 또는 자몽 주스)
- □ 스파클링 와인 1/2컵(100㎖)

01 자몽은 즙을 낸다.
02 잔에 자몽 과육과 즙을 넣은 뒤 스파클링 와인을 붓는다.

☆ Tip

유자 마티니와 자몽 벨리니, 무알코올 음료로 즐기기
유자 마티니와 자몽 벨리니의 럼과 스파클링 와인 대신 같은 양의 사이다를 넣어 유자 에이드, 자몽 에이드로 즐길 수 있다.

와인 칵테일, 벨리니(Bellini)
스파클링 와인에 과일즙을 섞은 칵테일을 뜻한다. 청량한 탄산과 달콤한 과일즙이 입안을 깔끔하게 해줘 주로 디저트 음료로 즐긴다.

샌드위치 가나다순

ㄱ
감자 베이컨 샌드위치 46
게맛살 샌드위치 42
게맛살 아보카도 토스트 134
고구마 그릴 샌드위치 90
고르곤졸라 호두 그릴 샌드위치 92
구운 가지 샌드위치 74
구운 채소 데리야키 샌드위치 86
구운 채소 오픈 샌드위치 132
구운 파프리카 그릴 샌드위치 98
길거리 토스트 58

ㄷ
단호박 아몬드 샌드위치 38
달걀 샌드위치 38
딸기 마시멜로 샌드위치 154
돼지고기 반미 샌드위치 68

ㄹ
루콜라 프로슈토 샌드위치 52

ㅁ
매콤한 버섯 샌드위치 74
매콤한 시금치 그릴 샌드위치 104
멕시칸 새우 샌드위치 84
모닝 샌드위치 66
무화과잼 브리 치즈 토스트 124
미트볼 그릴 샌드위치 114
미트소스 그라탱 오픈 샌드위치 140

ㅂ
바비큐 치킨 샌드위치 70
발사믹 마늘조림 토스트 130
방울토마토 치즈 브루스케타 124
베이컨 패티 땅콩버터 햄버거 150
볶은 양파 핫도그 60
블랙빈 살사 그릴 샌드위치 102
블루치즈와 감자튀김버거 146
BLTH 샌드위치 56
비트 샌드위치 64

ㅅ
사과 프로슈토 카나페 118
살라미 샌드위치 72
새우 굴소스볶음 오픈 샌드위치 138
세 가지 치즈와 사과 처트니 그릴 샌드위치 94
세 가지 크림치즈 스프레드 토스트 136
쇠고기 버섯 그릴 샌드위치 96
수란 훈제 연어 오픈 샌드위치 142
시금치 스크램블드에그 샌드위치 50

ㅇ
아보카도 토마토 샌드위치 82
앤초비와 절인 양파 브루스케타 122
양송이버섯볶음 카나페 126
엑스트라 햄치즈 타워 샌드위치 148
엘비스 샌드위치 48
연어 크림치즈 샌드위치 54
연어 패티 샌드위치 80
오렌지잼 토스트 90
오이 새우 샌드위치 82
오이 샌드위치 42

ㅊ
참치 샌드위치 44
치즈볼 토스트 128
치킨 너겟 그릴 샌드위치 110
칠리스테이크 샌드위치 152

ㅋ
카레 향 닭안심 샌드위치 78
카프레제 샌드위치 64
크로크마담 100
크로크무슈 100
클럽 샌드위치 40

ㅌ
태국풍 쇠고기 그릴 샌드위치 112

ㅍ
파인애플 햄치즈 오픈 샌드위치 138
페스토 새우 그릴 샌드위치 108
페스토 쇠고기 샌드위치 76
푸타네스카 그릴 샌드위치 106
피자 파티 브레드 144

ㅎ
하몽 치즈말이 카나페 118
햄치즈 샌드위치 52
훈제 연어 무스 브루스케타 120

브런치 & 음료 가나다순

ㄱ
감자 팬케이크 202
검은깨 두유 라떼 224
과일 요구르트 볼 212
과일 트리플 210
그린빈 마늘볶음 196

ㄷ
닭가슴살 채소 스튜 176
대파 크림수프 182
딸기 아이스티 226

ㄹ
레드 와인 과일 펀치 230
로메인 사과 샐러드 190
루콜라 잣 샐러드 188
리코타 치즈와 유자청을 곁들인 와플 160

ㅁ
마늘 버섯 크림수프 180
망고 푸딩 214
멕시칸 칠리 수프 184
모둠 채소 오븐구이 194
무화과 컴포트를 곁들인 팬케이크 162
밀크티 220

ㅂ
방울토마토 주스 230
복숭아 라씨 226
블루 레모네이드 228
블루베리 레드 와인 그라니타 216
블루베리 팬케이크 164

ㅅ
사과 셀러리 모히토 228
사과 키위차 222
새우 토마토 오믈렛 208
생강 향 초콜릿 과일 퐁뒤 218
셰퍼즈 파이 166
쇠고기 퀘사디아 170
시금치 샐러드 또띠야 피자 174

ㅇ
아몬드 프렌치토스트 158
양상추 참치 샐러드 190
에스프레소 스무디 224
오미자 귤차 222
우에보스 란체로스 168
웨지 칠리 포테이토 198
유자 마티니 232

ㅈ
자몽 벨리니 232

ㅊ
채소 커리 쿠스쿠스 샐러드 192
칠리소스 감자튀김 200

ㅋ
카페 모카 220
크림소스 리가토니 그라탱 172

ㅌ
토마토 굴 수프 186

ㅍ
프로슈토컵 달걀찜 204
프리타타 206

〈샌드위치가 필요한 모든 순간, 나만의 브런치가 완성되는 순간〉과 **함께 보면 좋은 책**

'샐러드 책의 대명사'로 불리는 건강하고 스타일리시한 샐러드와 드레싱

- ☑ 샐러드가 맛있다고 소문난 요리연구가의 120가지 샐러드, 쉽고 맛있는 100가지 드레싱
- ☑ 파스타, 고기요리에 곁들이는 간단 샐러드부터 한식, 다이어트, 안주, 손님 초대 샐러드까지
- ☑ 채식주의자를 6종류로 구분, 샐러드를 편하게 선택할 수 있도록 목차에 일목요연하게 정리
- ☑ 먹고 남은 샐러드는 라이스페이퍼 롤, 덮밥, 샌드위치, 퀘사디야와 같은 한 그릇 요리로 활용

〈샐러드가 필요한 모든 순간, 나만의 드레싱이 빛나는 순간〉
지은경 지음 / 244쪽

파티 케이터링 전문가의 술 맛과 분위기를 확 바꿔 놓는 마법의 요리

- ☑ 술 맛과 분위기를 최고로 끌어올려 주는 간단하고 맛있고 폼 나는 술안주 100가지
- ☑ 맥주, 소주, 와인, 막걸리와 어울리는 기본 레시피부터 혼술, 반주, 파티 등 상황별로 달라지는 안주 구성
- ☑ 각 메뉴별 홈파티 초보자를 위한 메뉴 매칭법, 곁들이기 좋은 주류 페어링 팁 소개
- ☑ 사이드 메뉴와 칵테일, 풍성하고 세련된 플래터로 다채로운 파티 식탁을 구성할 수 있는 플러스 레시피

〈술안주가 필요한 모든 순간, 나만의 홈파티가 빛나는 순간〉
지은경 지음 / 232쪽

늘 곁에 두고 활용하는 소장 가치 높은 책을 만듭니다 **레시피팩토리**

홈페이지 www.recipefactory.co.kr

편안한 홈에서 즐기는
맛있고 멋스러운 레스토랑 요리

- ☑ 익숙한 요리에 새로운 플레이팅을 더하거나 늘 접하던 재료를 응용한 감각적인 집밥 60여 가지
- ☑ 애피타이저부터 메인요리, 식사, 디저트까지 코스로 준비한 상황별 추천 식단 소개
- ☑ 저자가 추천하는 허브, 치즈, 향신료&소스, 와인, 그릇으로 요리의 완성도를 높이는 자세한 팁
- ☑ 어떤 요리에도 잘 어울리고 다양하게 활용 가능한 샐러드 드레싱&피클 레시피

〈 나만의 홈스토랑이 빛나는 순간 〉
지은경 지음 / 168쪽

집밥처럼 쉬운 메뉴에 특별한 킥을 더해
홈 브런치를 카페처럼, 한 단계 레벨업!

- ☑ 클래식 브런치부터 샐러드, 토스트&수프, 브레드&디저트, K 스타일 브런치까지 71가지 메뉴
- ☑ 재료의 맛과 풍미를 살려주는 킥 소스와 드레싱으로 자연스럽고 고급진 맛 완성하는 노하우 소개
- ☑ 인도식 스크램블에그, 일본 나고야식 팥토스트 등 다른 책에선 만날 수 없는 이국적인 킥 브런치 수록
- ☑ 브런치 메뉴를 올 데이 브런치로 즐길 수 있는 8가지 브런치 플레이트의 특별한 조합

〈 매일 만들어 먹고 싶은 카페 브런치&디저트 〉
시트롱 김희경 지음 / 208쪽

샌드위치가 필요한 모든 순간
나만의 **브런치**가 완성되는 순간

1판 1쇄 펴낸 날 2013년 4월 25일
1판 13쇄 펴낸 날 2025년 2월 5일

편집장	김상애
책임편집	김민아
레시피 검증	정민 · 김지나(테스트키친팀)
교정 · 교열	전남희
요리 어시스턴트	공혜림 · 조선명
디자인	원유경
일러스트	김소영
사진	윤경미(어시스턴트 손수민)
스타일링	최새롬(Styling ho, 어시스턴트 김윤정)
소품협찬	모네타(www.monetait.com)
	테이크룩(www.takelook.co.kr)
	마마스코티지(www.mamascottage.com)
	선데이로스트(www.sundayroast.co.kr)
기획 · 마케팅	내도우리 · 엄지혜
편집주간	박성주
펴낸이	조준일
펴낸곳	(주)레시피팩토리
주소	서울특별시 용산구 한강대로 95 래미안용산더센트럴 A동 509호
대표번호	02-534-7011
팩스	02-6969-5100
홈페이지	www.recipefactory.co.kr
독자카페	cafe.naver.com/superecipe
출판신고	2009년 1월 28일 제25100-2009-000038호
제작 · 인쇄	(주)대한프린테크

값 21,000원

ISBN 978-89-963472-8-6

Copyright ©지은경

이 책은 저작권법에 따라 보호받는 저작물이므로 무단 전재와 복제를 금합니다.
이 책의 내용 일부를 사용하고자 한다면, 반드시 저작권자와 출판사의 서면 동의를 받아야 합니다.

* 인쇄 및 제본에 이상이 있는 책은 구입하신 서점에서 교환해 드립니다.